데일 카네기 자기관리론

How to Stop Worrying and Start Living

데일 카네기 자기관리론

2023년 1월 20일 초판 1쇄 인쇄
2023년 1월 25일 초판 1쇄 발행

지은이 데일 카네기
옮긴이 정재헌
발행인 손건
편집기획 김상배, 박경미
마케팅 최관호
디자인 빅픽처
제작 곽상도

발행처 북스데이
주소 서울시 영등포구 영신로 38길 17
등록번호 제 312-2006-00060호
전화 02) 2636-0895
팩스 02) 2636-0896

ISBN 979-11-92199-24-5   03320

Dale Carnegie

일 카네기가 알려주는 고민을 극복하는 완벽한 방법

글 데일 카네기 | 옮김 정재헌

데일 카네기 자기관리론

북스데이
BOOK'S DAY

머리말

35년 전에 나는 뉴욕에서 가장 불행한 청년 가운데 한 사람이었다. 그때 나는 먹고 살기 위해 트럭 파는 일을 하고 있었는데 트럭에 대해서 아는 것도 없었고 또 알고 싶지도 않았다. 나는 그 일을 경멸했고, 웨스트 56번가의 바퀴벌레가 우글거리는 싸구려 셋방에서 사는 것도 정말 싫었다. 벽에 걸어둔 넥타이를 아침에 집으려고 할 때 넥타이 뒤에서 바퀴벌레가 와르르 흩어지던 기억이 아직도 생생하다. 아마도 똑같이 바퀴벌레가 우글거릴 싸구려 식당에서 식사를 해야 한다는 사실도 그때의 나에겐 참으로 고역이었다.

밤마다 나는 실망과 걱정, 비통함, 반발심 때문에 생겨나는 불쾌한 두통에 시달리면서 텅 빈 방으로 돌아왔다. 대학 시절에 품었던 꿈들이 악몽으로 변한 현실을 보면서 나는 격렬하게 저항하고 있었다.

이것이 인생인가? 내가 그토록 기대하던 인생의 모험이 고작 이런 것인가? 하고 싶지도 않은 일을 하면서 바퀴벌레들한테 둘러싸여서 싸구려 음식을 먹고 아무 희망도 없이 사는 것이 내가 꿈꾸던 인생이란 말인가?

나는 책을 읽고 싶었고 또한 책을 쓸 시간을 갖고 싶었다. 문득 내가 그토록 경멸하는 일을 그만 둔다고 해도 잃을 것은 없다는 생각이 들었다. 내가 원하는 것은 돈을 많이 버는 것이 아니라 인생을 활기차게 사는 것이었기 때문이다. 마침내 나는 대개의 청년들이 인생의 출발점에서 마주치게 되는 결단의 시기에 도달한 것이었다.

그래서 나는 결심했고, 그 결심은 나의 미래를 완전히 바꾸어 놓았으며, 그 결심 덕분에 그 뒤의 35년 동안 나는 내가 꿈꾸던 것 이상으로 행복하고 보람 있는 삶을 살았다. 나의 결심은 이런 것이었다.

싫은 일은 그만두자. 미주리 주립 교육대학에서 4년간 교육학을 전공했으니 성인들을 위한 야간 과정을 만들어서 생활하자. 그러면 낮에 책을 읽을 수도 있고, 강의를 준비할 수도 있고, 소설도 쓸 수 있다. 글을 쓰기 위해 생활하고, 생활하기 위해 글을 쓰는 삶이 가능해지는 것이다.

성인들에게 무엇을 가르치면 좋을까? 지난 학생 시절의 교육과정을 돌아보면서 나는, 사회생활을 하는 데나 처세하는 데는 많은 사람들 앞에서 이야기를 하는 훈련과 경험이 현실적으로 중요한 가치가 있다는 것을 깨달았다. 나 역시 대중 연설을 통해 소극적인 성격과 자신감 부족을 극복할 수 있었고 리더십 역시 용감하게 자기 의견을 말하는 데서 길러진다는 사실을 분명히 알고 있었기 때문이다.

나는 컬럼비아 대학과 뉴욕 대학에 야간 강좌 과목으로 대중연설을 강의하고 싶다고 지원했지만 양쪽 다 거절당했다. 그땐 무척 실망했지만 돌아보면 그것은 오히려 잘된 일이었다. 덕분에 YMCA 야간학교에서 강의를 할 수 있게 되었기 때문이다. 그곳에서는 단기간에 구체적인 결과물을 보여주어야 했기 때문에 나에게는 큰 도전이 되었다.

성인들이 야간학교에 오는 것은 학점을 따거나 사회적 명성을 얻으려는 것이 아니라 오로지 자신의 문제를 해결하기 위해서였다. 그들은 업무상 모임에서 당당하게 자신의 의견을 말하고 싶어 했고, 세일즈맨들은 한참이나 주변을 빙빙 돌면서 마음을 가다듬지 않고도 까다로운 손님의 사무실 문을 열고 들어갈 수 있기를 바랐으며, 침착하고 자신감 넘치는 사람으로 자신을 발전시키고 싶어 했고, 가족을 위해 수입을 늘리고 싶어 했다.

그들의 수업료는 여러 번에 나누어 내는 방식이었기 때문에 바라던 효과를 얻지 못한다고 판단하면 바로 그만 두어 버릴 것이었고, 월급이 아니라 이익의 몇 할을 받는 조건으로 계약한 나에게 그것은 큰 타격이 되는 것이었다.

당시에 나는 악조건 속에서 일한다고 생각했지만 나중에 생각해보니 그것은 나에게 돈을 주고도 살 수 없는 값진 훈련이 되었다. 나는 학생들에게 동기를 부여하고, 그들이 스스로 문제를 해결하도록 도와야 했을 뿐만 아니라, 강의 시간마다 그들에게 영감을 불어넣어 계속 수업에 나오고 싶도록 만들어야 했다.

그것은 가슴 뛰는 일이었다. 나는 그 일을 사랑했다. 나는 내 수 강생들이 그토록 빨리 자신감을 몸에 익혀 승진하고 월급이 오르 는 것을 보면서 깜짝깜짝 놀라곤 했다. 내 강좌는 기대했던 것보 다 훨씬 성공적이었다. 나에게 하루 저녁에 5달러씩 고정급으로 지불하는 것을 거절했던 YMCA는 하루 저녁에 30달러씩의 배당 금을 지불하게 되었다.

처음에는 대중연설만 가르쳤는데 시간이 흐를수록 성인들에게 는 친구를 만들고 사람들에게 영향을 주는 능력이 더욱 필요하다 는 것을 알게 되었다. 나는 인간관계에 관한 책을 찾아보았지만 적당한 책을 발견할 수 없었다. 그래서 나는 강의를 하면서 경험 한 일들을 바탕으로 직접 책을 쓰기로 결심하고 책 제목을 《How to win Friends and Influence People》이라고 지었다.

내 성인 강좌를 위한 교과서로 쓴 그 책이 그토록 잘 팔릴 줄은 정말 상상도 못했다. 아마도 살아 있는 저자 가운데 나만큼 놀란 사람도 별로 없을 것이다.

그 뒤로 다시 해가 지남에 따라 나는 사람들의 가장 큰 문제는 걱정이라는 것을 깨달았다. 나는 걱정을 해결하기 위한 교과서를 찾아보려고 뉴욕의 큰 도서관에 갔다. 놀랍게도 걱정이라는 표제 로 등록되어 있는 책은 겨우 22권밖에 없었다. 벌레라는 표제로 등록된 책이 189권이나 되는데 말이다. 벌레에 대한 책이 걱정에 대한 책의 9배나 되다니 정말 놀랍지 않은가?

걱정은 인간이 직면하고 있는 가장 큰 문제의 하나인데도 어느 학교에서도 걱정에 대한 강의를 한다는 말을 들어본 적이 없다. 데이비드 시베리가 《성공적으로 걱정하는 법》이라는 책에서 "우리는 아무 준비 없이 어른이 되어가면서 책벌레에게 발레를 추게 만들 정도의 압박을 받는다"라고 말한 것도 이해가 된다. 나는 이번에도 직접 책을 쓰기로 결심했다.

나는 이 책을 쓰기 위해 7년 동안 준비했다. 모든 시대의 철학자들이 걱정에 대해 말한 것을 찾아 읽었고, 공자에서 처칠에 이르기까지 위대한 사람들의 전기를 수백 권이나 읽었으며, 잭 뎀프시, 오마르 브래들리 장군, 마크 클라크 장군, 헨리 포드, 엘리너 루즈벨트, 도로시 딕스 등 다양한 분야의 훌륭한 인물들을 만나 보았다. 하지만 그것은 시작에 지나지 않았다.

나는 회견이나 독서보다 훨씬 더 중요한 일을 했다. 5년 동안 성인 강좌에서 걱정을 극복하는 방법을 연구한 것이다. 내가 아는 한, 이런 연구는 세계 최초이자 유일하다. 나는 학생들에게 걱정을 해결하는 방법에 관해 몇 가지 원칙을 주고 그것들을 자신의 생활에 적용시켜 본 다음에 그 결과를 강좌에 나와서 이야기하게 했다. 결과적으로 나는 이제껏 누구보다도 걱정 극복에 대한 이야기를 많이 들었고, 걱정 극복에 관한 편지도 수천 통이나 읽었다.

그러므로 이 책은 상아탑에서 생겨난 것도 아니고, 학구적인 설교도 아니다. 이 책은 수천 명이나 되는 사람들에 의해 보고된 간결하고 실제적이고 구체적인 기록이다. 이 책 속에 나오는 사람들은 절대로 가공의 인물이 아닌 것이다. 프랑스의 철학자 발레리는 '과학은 성공한 처방의 집대성'이라고 말했다. 이 책이 바로 그렇다.

하지만 여러분은 이 책에서 새로운 것은 아마 하나도 발견하지 못할 것이다. 걱정을 없애기 위해서 필요한 것을 우리는 대부분 이미 알고 있다. 문제는 알지 못하는 것이 아니라 실천하지 못하는 것이다.

이 책의 목적은 오래 전부터 내려온 기본적인 진리를 실제 사례를 통해 다시 구체화하고 현대에 맞게 재해석하여 당신이 실천할 수 있게 동기를 부여하는 것이다.

– 데일 카네기

차 례

● 이 책의 효과적인 활용법

1. 이 책을 효과적으로 활용하기 위해서 꼭 필요한 조건은 배우고자 하는 진지하고도 강한 욕구다! 자신에게 끊임없이 이렇게 말하라. "나의 인기와 행복, 자존심은 사람들을 대하는 나의 능력에 달려 있다."

2. 처음에는 전체적인 내용을 알기 위해서 각 장을 빠른 속도로 읽어라. 그리고 다시 처음으로 돌아가서 각 장을 철저하게 반복해서 읽어라. 긴 안목으로 볼 때 이렇게 하는 것이 오히려 시간을 절약하고 성과를 올리는 데 큰 도움을 줄 것이다.

3. 가끔씩 읽기를 중단하고 지금 읽은 부분에 대해 충분히 생각하라. 그리고 책에서 제안하는 방법을 언제 어떻게 누구에게 적용할 것인지 스스로에게 물어라.

4. 손에 연필이나 형광펜을 들고 읽다가 필요한 부분에 밑줄을 그어라. 아주 중요한 부분에는 별표로 표시하라. 줄을 긋거나 표시를 하면서 읽으면 독서가 재미있어지고 다시 읽을 때 빨리 읽게 해준다.

5. 보험회사에서 15년째 매니저로 일하고 있는 여성을 알고 있다. 그녀는 매달 자기가 체결한 모든 보험증서를 읽는다고 말했다. 왜? 그렇게 하는 것만이 계약 조항을 분명하게 기억할 수 있는 유일한 방법이라는 것을 그녀의 오랜 경험이 가르쳐 주었기 때문이다.

나는 청중과 대화하는 법에 관한 책을 쓰는 데 거의 2년 걸렸다. 그런데도 지금 책에 썼던 것을 기억해 내기 위해 책을 들추어야 한다. 기억했던 것을 잊어버리는 속도는 얼마나 빠른지! 그러니 이 책을 효과적으로 활용하고 싶다면 한 번 대충 읽어보는 것으로 충분하다는 생각을 버려라. 책상 위에 이 책을 놓아두고 자세히 읽고 반복해서 읽어라.

6. 버나드 쇼는 이렇게 말했다.

"만일 당신이 누군가에게 무엇인가를 가르치려고 한다면 그 사람은 절대로 그것을 배우지 못할 것이다."

배운다는 것은 행동 과정이다. 행동함으로써 배우는 것이다. 기회가 날 때마다 이 책에서 배운 원리들을 적용하려고 노력해야 한다. 활용된 지식만이 마음에 남는 법이니까.

물론 이 책을 쓴 나 자신도 그렇게 하기가 무척 어렵다는 것을 잘 알고 있다. 그러므로 이 책을 읽을 때, 단순히 뭘 배우기 위해서 읽고 있는 것이 아니라 새로운 습관을 형성하기 위해 노력하고 있는 중이라는 것을 명심해야 한다.

새로운 습관, 새로운 생활방식을 형성하기 위해서는 얼마나 많은 시간과 노력, 끈기, 인내 그리고 매일의 실습이 필요할 것인지 스스로 다짐해야 하는 것이다.

7. 배우자, 자녀, 직장 동료에게 당신이 지금 이 책을 읽고 있으며 생활방식을 바꾸고 있는 중이라는 것을 알려라. 그리고 당신이 이 원리들을 지키지 않는 것을 발견하면 벌금을 내겠다고 제안하라. 당신에게 꼭 필요한 원리를 마스터하기 위해 게임을 해보는 것도 멋진 방법이다.

8. 매주 한 번씩이라도 날짜와 시간을 정해놓고 반성의 시간을 가져라. 1주일 동안 있었던 일을 기록한 모든 자료를 앞에 펴놓고 차근차근 돌아보고 검토하라.

   내가 무슨 실수를 했던가? 잘한 일은 무엇이었던가? 그 경험에서 무엇을 배울 수 있을까?

   이렇게 계속하다 보면 어느새 자신의 결단력과 대인관계 능력이 엄청나게 성장한 것을 확실히 알게 될 것이다.

9. 이 책 끝부분에는 '나의 실천사례' 기록란이 있다. 그곳에 이름과 날짜와 결과를 자세하게 기록하라. 기록을 하는 것만으로도 당신은 자기 성장을 위해 더욱 노력할 수 있는 힘과 영감을 얻게 될 것이다.

Part 1

걱정이란
무엇인가?

1. 오늘이라는 테두리 안에 살아라

우리가 해야 할 중요한 일은
먼 곳에 있는 희미한 것을 바라보는 것이 아니라,
당장 눈앞에 명확하게 보이는 것을 실천하는 것이다.
- 토마스 칼라일

1871년 봄, 몬트리올 종합병원의 의대생이었던 그는 책을 읽다가 그의 미래에 커다란 영향을 주게 될 문장을 발견했다. 그 때 그는 졸업시험을 앞두고 시험에 통과할 수 있을지, 혹시 떨어지면 어떻게 해야 할지, 어디로 가야할지, 어떻게 생활해야 할지 걱정이 많던 참이었다.

그 문장은 그를 그 시대의 가장 유명한 의사로 만들어 주었다. 세계적으로 유명한 존스 홉킨스 의대를 설립했고, 대영제국의 의사 최대의 명예로 일컬어지는 옥스퍼드 의대의 명예 교수가 되었으며, 영국 왕실에서 기사 작위를 받았고, 죽은 뒤에는 총 1466페이지에 이르는 두 권짜리 전기도 간행되었던 그는 바로 윌리엄 오슬러 경이다. 그리고 그를 평생 온갖 걱정에서 해방시켜 그 모든 일을 성취할 수 있게 해주었던 문장은 토마스 칼라일의 다음 문장이었다.

우리가 해야 할 중요한 일은 먼 곳에 있는 희미한 것을 바라보는 것이 아니라, 당장 눈앞에 명확하게 보이는 것을 실천하는 것이다.

그로부터 42년 뒤, 교정에 튤립이 활짝 핀 어느 봄날 저녁에 윌리엄 오슬러경은 예일대 학생들을 대상으로 한 연설에서, 자기가 4개 대학의 교수이고 꽤 알려진 책도 썼기 때문에 특별한 두뇌를 가진 것처럼 생각하는 사람들이 많지만 사실 가까운 친구들은 자기가 그저 평범한 두뇌를 가지고 있다는 것을 잘 알고 있다고 말했다. 그렇다면 그의 성공 비결은 무엇일까? 그는 자기가 '현재를 살았기 때문'이라고 말했다. 그게 무슨 뜻일까?

오슬러 경은 예일대에서 연설하기 두서너 달 전에 대형 정기선을 타고 대서양을 건너왔는데, 선장이 갑판에서 버튼을 누르자 즉시 기계장치가 철컹철컹 소리를 내며 배에 물이 들어오는 것을 막기 위해 구획별로 차단하는 것을 보았다고 말했다.

"여러분은 그 여객선보다 훨씬 우수한 유기체이고, 보다 긴 항해를 해야 합니다. 나는 여러분에게 오늘이라는 칸에 차단벽을 치는 기계를 조정하는 법을 배우라고 권합니다. 갑판에 올라가 거대한 차단벽이 제대로 작동하는지 살펴보세요. 버튼을 눌러서 과거를 차단하고 이미 죽어 버린 어제를 닫는 철문 소리를 들어요. 미래를 닫는 버튼도 눌러요. 미래, 아직 태어나지도 않은 내일까지 닫아 버리면 여러분의 오늘은 안전해질 것입니다.

과거를 닫아버려요. 지나간 일은 지나간 일로 묻어두세요. 어리석은 자들을 잿빛 죽음으로 이끌어가는 어제가 오늘로 흘러들어오지 못하게 단단히 막아버려요.

어제의 짐에 내일의 짐까지 더해서 오늘 짊어지고 간다면 아무리 강한 사람이라도 결국 비틀거리게 됩니다.

미래도 역시 과거와 마찬가지로 단단히 닫아버려요. 미래란 바로 오늘입니다. 내일이란 것은 원래 없습니다. 인류 구원의 날은 바로 지금입니다. 내일의 일을 걱정하는 사람들의 발밑에는 늘 쓸데없는 체력 낭비와 정신적 고뇌, 그리고 번민이 따라붙게 마련입니다.

그러니 과거와 미래라는 앞뒤의 칸막이를 단단히 닫아 버리고, 명확하게 오늘이라는 테두리 안에서 생활하는 습관을 들여야만 합니다."

그렇다면 오슬러 경은 내일을 위한 준비는 전혀 할 필요가 없다는 것일까? 절대로 그렇지 않다. 그는 내일을 위한 최선의 준비는 바로 오늘의 일에 모든 지성과 정열을 집중하는 것이라고 말하고 있는 것이다. 그리고 그것이야말로 우리가 내일을 준비할 수 있는 유일한 방법이다.

오슬리 경은 또 주기도문에 나오는 것처럼 '오늘 우리에게 일용할 양식을 주옵시고'라는 마음으로 하루의 일과를 시작하라고 권했다.

주기도문에서는 오직 오늘의 양식만을 구하고 있다는 것을 기억하자. 어제 먹었던 묵은 빵에 대해 불평하지 않고 내일 먹을 빵을 걱정하지도 않는다. 절대로 "오, 주여! 이번 가뭄으로 밀밭에 물이 말랐습니다. 앞으로도 가뭄은 계속될지 모릅니다. 이대로 간다면 내년에 먹을 양식은 어찌 되겠습니까? 또 만일 제가 일자리를 잃게 된다면…… 오, 주여! 저는 그때 어떻게 빵을 구해야 합니까?"라고 기도하는 법은 없다.

그렇다. 주기도문은 우리에게 단지 오늘의 양식만을 구하라고 가르친다. 오늘 먹는 빵만이 당신이 먹을 수 있는 유일한 양식인 것이다.

옛날에 어떤 가난한 철학자가 돌투성이 지역을 돌아다니고 있었다. 그곳은 말할 수 없이 생활이 어려운 곳이었는데, 어느 날 군중들이 그의 강론을 듣고자 언덕으로 모여들었다. 그는 그 자리에 모인 사람들에게 세상에서 가장 유명한 말을 들려주었다.

"너희는 내일 일을 생각하지 마라. 내일 일은 내일 생각하라. 하루의 노고는 그날 하루로써 충분하다."

하지만 사람들은 대부분 '내일 일을 생각하지 말라'고 했던 예수의 말씀을 납득하지 못했다. 그 말씀은 실행 불가능한 이상적인 충고이며, 동양적 신비주의 정도로 생각했다. 어떻게 내일 일을 생각하지 않을 수 있어?

가족을 보호하기 위해 보험도 들어두어야 하고, 노년을 대비해서 저축도 해두어야 하고, 성공하기 위해서는 미리미리 장래를 계획하고 준비해야 한다는 것이 그들의 생각이었다.

물론 그래야 한다. 이 말씀이 번역된 3백 년 전의 제임스 왕정 시대에는 이 구절에 사용된 단어들의 의미가 오늘날과는 좀 달라서 '생각(thought)'이라는 단어가 흔히 '걱정(anxiety)'이라는 뜻으로 쓰였다. 그래서 최근에 개정된 성경에는 '내일 일을 위하여 걱정하지 말라'고 정확하게 예수의 말씀을 옮기고 있다.

내일을 주의 깊게 생각하고 준비하고 계획하는 것은 당연한 일이지만 미리 걱정하지는 말라는 뜻이다.

제2차 세계대전 당시 미국의 군사 지도자들은 끊임없이 내일을 위해 계획했지만 걱정하고 있을 여유가 없었다. 미 해군을 지휘하던 어니스트 J. 킹 사령관은 이렇게 말했다.

"나는 가장 우수한 군대를 투입하고 최상의 무기를 공급했으며, 가장 적절하다고 생각되는 임무를 그들에게 주었습니다. 그것이 내가 할 수 있는 일의 전부였죠. 배가 격침되었다면 나는 그것을 끌어올릴 수 없습니다. 지금 배가 침몰하는 중이라고 해도 나는 그것을 막을 수 없습니다. 그러므로 어제 있었던 사건 때문에 걱정하기보다는 내일의 문제에 대해 생각하는 편이 훨씬 시간을 잘 이용하는 것입니다. 더구나 지나간 일에 매달려 공연히 마음을 쓰다가는 오래 버티지도 못할 것입니다."

전쟁 중이든 아니든 간에 현명한 생각과 어리석은 생각의 차이는 다음과 같다. 즉, 현명한 생각은 원인과 결과를 따져 논리적이고 건설적인 계획을 이끌어내지만, 어리석은 생각은 걱정과 스트레스로 신경쇠약에 이르게 한다.

나는 최근 세계에서 가장 유명한 신문의 하나인 〈뉴욕타임스〉의 발행인 아서 헤이스 설즈버거를 인터뷰했다.

설즈버거는 제2차 세계대전이 유럽을 뒤덮었을 때 충격과 미래에 대한 두려움 때문에 불면증에 시달렸다. 그래서 그는 한밤중에 일어나 캔버스와 그림물감을 꺼내들고 거울 앞에 앉아 자신의 초상화를 그렸다. 그림을 그릴 줄 몰랐지만 불안한 생각을 떨쳐버리기 위해서 무작정 그림을 그렸다. 하지만 결국 그는 찬송가에 나오는 구절인 '한 걸음씩 늘 인도하소서'를 좌우명으로 삼고 나서야 마음의 평화를 얻을 수 있었다.

내 갈 길 멀고 밤은 깊은데
주여! 내 가는 길 다 알지 못하나니
한 걸음씩 늘 인도하소서!

그 무렵, 유럽 어느 전선에서 군 복무 중이던 테드 벤저민도 같은 교훈을 깨닫고 있었다. 그는 전쟁이 주는 극심한 긴장 때문에 병에 걸렸던 당시의 상황을 이렇게 썼다.

1945년 4월 나는 극심한 걱정 때문에 상습적인 위경련을 일으켜 거의 죽을 지경이었다. 그때 나는 보병 94사단 소속 유해 발굴단 기록계 하사관이었는데, 전사자, 행방불명자, 부상자들의 명단을 등록하고 관리하는 임무를 맡고 있었다. 아군과 적군을 가리지 않고 전투 중에 급히 서둘러 아무렇게나 얕게 매장해두었던 병사들의 시체를 파내는 일도 거들어야 했고, 전사자들이 남긴 소지품을 하나하나 정리하여, 그 물건들에 깊은 애착을 느낄 것이 분명한 그들의 부모나 친지들에게 보내 주어야 했다.

나는 유품들이 서로 뒤바뀌지 않도록 각별한 주의를 기울이면서 내가 혹시 중대한 실수를 저지르지 않을까 끊임없이 걱정했고, 이 모든 일을 끝까지 잘해낼 수 있을지 걱정했으며, 내가 다행히 살아 돌아가서 아직 한 번도 보지 못한 16개월짜리 어린 아들을 안아 볼 수 있을지 걱정했다.

극심한 걱정과 피로 때문에 몸무게가 15킬로그램이나 줄었다. 나는 극도로 예민해졌고 거의 제정신이 아니었다. 나는 뼈와 가죽만 남은 내 두 손을 보면서 이러다가는 페인이 될지도 모른다는 두려움에 떨었다. 나는 기진맥진하여 어린아이처럼 흐느껴 울었다. 이제 다시는 전처럼 건강해질 수 없을 것 같았고, 정상적인 생활을 할 수 없을 것 같았다.

나는 결국 육군 의무실에 입원하게 되었는데 그때 나를 진찰했던 군의관의 말이 내 인생을 완전히 바꾸어 놓았다. 그는 꼼꼼하게 나를 진찰하고 나서 나의 병은 정신적인 것이라고 진단했다.

"테드! 인생을 모래시계라고 생각해봐. 모래시계의 위쪽에 있는 수많은 모래알들은 일정한 사이를 두고 천천히 중앙의 가늘고 좁은 틈을 지나는 거야. 우리가 모래시계를 부수지 않은 한 이 좁은 틈으로는 모래알 한 알씩밖에는 지나가지 못하지. 우리 인생도 모두 이 모래시계 같은 거야. 아침마다 우리는 그날 안으로 해야 할 일들이 산더미처럼 쌓여있는 것을 보게 되지. 하지만 아무리 많은 일이라도 우리는 한 번에 하나씩 차례로 처리할 수밖에 없네. 모래알이 한 알씩 모래시계의 좁은 틈을 통과해서 결국 아래쪽으로 모두 이동하는 것처럼 말이야. 자네가 아픈 건 그 모든 일을 한꺼번에 다 해치우려고 덤벼들고 있기 때문이야."

그 말을 듣자 정신이 번쩍 드는 느낌이었다. 그리고 그 순간부터 지금까지 줄곧 나는 이 철학을 실천하고 있다.

'한 번에 모래알 하나씩, 한 번에 하나씩!'

이 충고는 전쟁 기간 동안 나를 지켜주었고, 지금도 나를 지켜주고 있다. 나는 지금 볼티모어에 있는 커머셜 크레디트 컴퍼니에서 재고 관리를 하고 있는데, 전쟁터에서 그랬던 것처럼 처리해야 할 일이 늘 산더미처럼 쌓여 있다. 재고 배정, 새로 도입된 기술 적용, 거래처 재고 관리, 주소 변경, 사무소의 개점과 폐점 등, 늘 시간이 부족했고 일손도 부족했다. 하지만 나는 일이 한꺼번에 밀려들어서 조급해지고 예민해질 때마다 그 군의관의 말을 떠올렸다.

'한 번에 모래알 하나씩, 한 번에 하나씩!'

이 말을 끊임없이 되풀이하면서 나는 전쟁터에서 나를 거의 파멸로 몰고 갔던 지치고 혼란스러운 감정에 사로잡히지 않고 효율적으로 업무를 처리해나갈 수 있었다.

우리는 지금 영원불멸한 두 개가 마주치는 시점에 서 있다. 지금까지 누적되어온 무한한 과거와, 시간의 마지막 부분이 될 미래 사이에 서 있는 것이다. 하지만 우리는 두 영원불멸한 어느 쪽에서도 살 수 없다. 단 한 순간도 말이다. 그러니 우리가 살 수 있는 유일한 시간, 현재를 사는 것으로 지금부터 깊이 잠드는 그날까지 만족하기로 하자.

영국의 소설가 로버트 루이스 스티븐슨은 이렇게 썼다.

아무리 무거운 짐을 진 사람이라도 해질녘까지는 견딜 수 있다. 아무리 힘든 일이라도 하루 동안만이라면 누구나 해낼 수 있다. 딱 하루 동안만이라면 누구라도 즐겁게, 참을성 있게, 사랑스럽게, 순수하게 살 수 있다. 그리고 이것이야말로 실제로 삶이 의미하는 모든 것이다.

그렇다. 그것이 바로 우리의 삶이 요구하는 모든 것이다. 미시간주 새기노시 코트가에 사는 E. K. 실즈 부인은 이 비결을 깨닫기 전까지는 거의 자살 직전에 이를 만큼 절망에 빠져 있었다. 그녀는 나에게 이렇게 말했다.

1937년에 남편을 잃었습니다. 나는 슬픔에 빠진데다가 거의 무일푼이었어요. 전에 다니던 회사 사장님에게 부탁해서 다시 책 파는 일을 하게 됐어요. 2년 전에 남편이 병으로 앓아누우면서 차를 팔아 버렸기 때문에 있는 돈을 다 긁어모아 중고차를 할부로 사서 다시 책을 팔러 다니기 시작했죠. 일을 하다 보면 마음을 잡을 수 있을 거라고 생각했는데, 혼자 차를 몰고 다니면서 혼자 밥을 먹는 것은 생각보다 견디기 힘든 일이었고, 게다가 장사도 잘 되지 않아서 자동차 할부금 갚는 것조차 힘들었어요.

1938년 봄, 미주리주 베르사유 근처에서 일하고 있을 때였어요. 그곳에 있는 학교들은 하나같이 재정 상태가 좋지 않았고 길들은 또 왜 그렇게 험한지 나는 너무나 쓸쓸하고 비참한 기분이 들었어요. 문득 자살하고 싶은 충동을 느꼈습니다. 어차피 성공하기는 틀렸고, 굳이 살아야 할 이유도 없었고, 목적도 없었죠.

그때 나는 눈을 뜨는 순간부터 밀려드는 걱정 때문에 아침이 오는 게 두려웠어요. 자동차 할부금을 낼 수 있을까? 집세가 밀리면 어쩌지? 먹을 건 살 수 있을까? 병원에 갈 돈도 없는데 아프면 어쩌지? 그때 내가 자살하지 못한 건 순전히 동생 때문이었어요. 그 애가 얼마나 슬퍼할지 미안했고, 사실 내 장례비용조차 남길 수 없었으니까요.

그러던 어느 날, 책을 들추다가 우연히 읽게 된 한 문장이 나를 절망에서 일으켜 세우고 살아갈 용기를 주었어요. 그때 내가 느꼈던 고마움을 평생 잊지 못할 거예요.

현명한 사람에게는
하루하루가 새로운 삶이다.

이 글을 타이핑해서 언제나 볼 수 있도록 내 차안에 붙였어요.
오늘 하루만 산다고 생각하면 사는 것이 그렇게 어려운 일이 아
니었죠. 나는 어제 일을 잊고, 내일 일을 걱정하지 않는 법을 배웠
어요. 아침마다 눈을 뜨면 나는 '오늘은 새로운 삶이야!'라고 스
스로에게 말했어요.

그렇게 나는 고독과 결핍의 공포를 극복하는 데 성공했습니다.
지금 나는 무척 행복하게 살고 있고, 제법 성공했다고 생각하고
있으며, 삶에 대해서도 정열과 애정을 느끼고 있습니다. 앞으로
의 생활이 어찌 되든 나는 이제 두 번 다시 겁내지 않을 겁니다.
오늘 하루만 살면 된다는 것을 알고 있으니까요.

다음의 시를 누가 썼을지 생각해 보라.

행복하리라, 홀로 있어도!
오늘을 내 것이라고 말할 수 있는 사람,
이렇게 분명히 말할 수 있는 사람이라면,
내일이 최악인들 이띠라.
오늘을 충실하게 사는 것으로 족하다.

현대시처럼 들리지 않는가? 하지만 이 시는 기원전 30년에 로마의 시인 호라티우스가 쓴 것이다.

인간의 본성 가운데 가장 비극적인 사실은 미래를 위해 현재를 미루는 경향이 있다는 것이다. 자기 집 창 밖에 피어 있는 장미꽃은 보지 않고 지평선 저쪽에 있는 마법의 장미꽃밭을 꿈꾸고 있는 것이다. 우리는 왜 이처럼 비극적인 바보인가?

캐나다의 소설가 스티븐 리콕은 이렇게 썼다.

우리가 사는 모습을 보면 정말 기묘하다. 아이들은 '이담에 크면…'이라 말하고, 소년들은 '어른이 되면…', 어른들은 '결혼하면…', 결혼한 뒤에는 '은퇴하면…'으로 이어진다. 그러다가 결국 은퇴하면 이미 지나가 버린 지난날을 돌이켜 본다. 찬바람만 휑하니 스쳐가는 허허벌판 같은 인생을 돌아보며 비로소 과거라는 그 아름다운 풍경을 제대로 보지 못하고 살았다는 것을 깨닫는다. 하지만 그때는 이미 모든 것을 놓쳐버린 뒤다.

단테는 다음과 같이 말했다.
"오늘이라는 날은 두 번 다시 오지 않는다."

인생은 참으로 놀라운 속도로 지나가 버린다. 우리들은 초속 19마일이라는 속도로 공간을 질주해 간다. 그러므로 오늘은 우리의 가장 귀중한 소유물이고, 우리에게 허락된 단 하나의 확실한 소유물인 것이다.

이것이 바로 로웰 토머스의 철학이다. 최근에 나는 그의 농장에서 주말을 보낸 적이 있는데, 그의 방송실 벽에 걸린 액자에는 다음과 같은 시편 한 구절이 적혀 있었다.

이 날은 주께서 창조해 주신 것,
우리는 즐거이 그 속에 살리라.

존 러스킨의 책상 위에는 〈오늘〉이라는 단어를 새긴 돌이 놓여 있었다. 나는 윌리엄 오슬러경이 언제나 책상 위에 놓아두고 읽었다는 인도의 희곡 작가 카리다사의 시를, 매일 아침 면도할 때마다 볼 수 있도록 거울에 붙여두고 있다.

새벽에 바치는 인사

이 날을 보라
오늘이야말로 삶, 삶의 삶이다.
그 짧은 길에는
그대 삶의 모든 진실과 현실이 담겨 있나니
성장의 기쁨,
행동의 영광,
성공의 화려함
어제는 꿈에 지나지 않고

내일은 환상일 뿐

충실하게 지낸 오늘은

어제를 행복한 꿈으로

내일을 희망에 넘친 환상으로 만든다.

그러니 오늘을 잘 보내라.

이것이 새벽에 바치는 나의 인사.

삶이란 현재를, 하루하루를 매 순간 단위로 살아가는 것이라는 사실을 우리는 너무 늦게 배운다.

그러므로 당신이 걱정을 떨쳐내기를 바란다면, 오슬러 경의 말을 명심하고 실천하라.

걱정에 대해 알아야 할 기본적인 사실 1

과거와 미래를 철문으로 굳게 닫고,

오늘이라는 테두리 안에서 살아라.

다음 질문에 답을 적어보라.

1. 미래를 걱정하거나 아득히 먼 피안의 마법 장미꽃밭을 동경한 나머지 현실을 도피하려 하지는 않는가?

2. 과거에 대한 후회로 현재를 괴롭히고 있는가?

3. 아침에 일어날 때마다 오늘을 살겠다고, 오늘이라는 24시간을 최대한으로 활용하겠다고 결심하는가?

4. 오늘을 충실하게 사는 것으로 삶이 더 나아질까?

5. 언제부터 시작할까? 다음주? 내일? 오늘?

2. 걱정을 해결하는 마법 공식

이미 일어난 일은 그대로 받아들여라.
일단 일어난 일을 받아들이는 것은
불행한 결과를 이겨내는 첫걸음이다.
– 윌리엄 제임스

이 책을 더 읽지 않고도 걱정을 해결하는 확실한 방법을 당장 알고 싶은가? 그렇다면 냉방 산업을 개척했던 뛰어난 기술자이자, 지금은 뉴욕의 캐리어사 사장인 윌리스 H. 캐리어가 알려준 비법을 들려주겠다.

내가 버펄로의 주물회사에 근무하고 있을 때의 일입니다. 미주리주 크리스털시에 있는 피츠버그 판유리 공장에 가스 정화 장치를 설치하는 업무가 주어졌습니다. 그것은 가스에서 나오는 불순물을 제거하여 연소할 때 생기는 엔진의 마모를 최소화하기 위한 것이었는데, 지금까지 딱 한 번밖에 시도된 적이 없는 아주 새로운 방식의 장치였습니다. 그런데 막상 장치를 달고 나서 보니 우리가 기대했던 것만큼 충분히 기능을 발휘하지 못했습니다.

나는 뒤통수를 한 대 얻어맞은 것 같은 패배감에 사로잡히고 말았습니다. 뱃속이 뒤틀리고 걱정 때문에 잠을 잘 수가 없었어요. 하지만 시간이 지나자 걱정만으로는 아무 것도 해결할 수 없다는 생각이 들었습니다. 그래서 나는 걱정을 그만두고 문제를 해결할 방법을 찾아냈는데 다행히 무척 효과적이어서 그 다음부터 30년 동안 그 방법을 계속 쓰고 있어요. 그것은 누구나 할 수 있는 아주 간단한 거예요. 다음 세 단계만 거치면 되죠.

1단계: 상황을 객관적으로 분석하고, 실패했을 경우에 일어날 수 있는 최악의 경우를 예측한다.

아무도 나를 교도소에 집어넣거나 죽이려 들지는 않을 겁니다. 그건 분명하죠. 물론 직장을 잃고, 회사에서는 기계장치에 투자한 2만 달러를 손해 보게 되겠지만요.

2단계: 최악의 경우를 받아들이기로 결심한다.

이번 실패로 내 경력에 오점이 남을 테고 직장을 잃게 되겠지만 직장은 다시 구할 수 있을 거라고 생각했습니다. 회사 입장에서도 2만 달러 정도는 가스 정화 장치 실험 연구비용으로 처리하면 될 테고요. 이렇게 최악의 경우를 예측하고 그것을 기꺼이 받아들이기로 결정한 순간 정말 중대한 변화가 일어났어요. 마음이 홀가분해지면서 오랜만에 평온한 기분을 느낀 거예요.

3단계: 최악의 상황을 전제로 현재의 상황을 조금이라도 개선
하기 위해 시간과 노력을 집중한다.

나는 2만 달러의 손실을 조금이라도 줄일 수 있는 방법
을 찾으려고 여러 가지로 테스트한 끝에, 5천 달러를 더
들여서 부속 장치를 추가하면 문제가 해결될 것이라고
판단했습니다. 우리는 그렇게 했고, 그 결과 2만 달러를
날리는 대신 1만5천 달러를 벌어들일 수 있었습니다.

만일 내가 계속 걱정만 하고 있었다면 이렇게 훌륭한 결과를 얻
지 못했을 것입니다. 왜냐하면 걱정의 가장 해로운 특징은 집중
력을 잃게 하는 것이기 때문입니다. 걱정에 휩싸여 있을 때 우리
의 마음은 끊임없이 흔들려서 어떤 결정도 내릴 수가 없게 되잖
아요. 최악의 상황을 예측하고 그것을 받아들이겠다고 결심해야
만 온갖 막연한 가정들이 제거되고 침착한 마음으로 눈앞에 닥친
문제에 집중할 수 있게 되는 것입니다.

캐리어의 비법은 왜 그렇게 중요하고 실용적인 것일까?

그것은 우리가 걱정 때문에 눈이 어두워져서 회색빛 구름 속을
헤매고 있을 때 우리를 힘차게 끌어내려, 대지 위에 단단히 발을
딛고 서게 해주기 때문이다. 자신의 입장과 상황을 가장 잘 아는
사람은 나 자신이다. 하지만 땅바닥에 단단히 발을 딛고 서지 못
한 상태에서라면 어떻게 생각을 정리할 수 있겠는가?

응용심리학의 선구자인 윌리엄 제임스 교수가 세상을 떠난 것은 이미 38년 전이지만, 만일 그가 지금 살아서 캐리어의 비법을 들었다면 열렬히 찬성했을 것이다. 어떻게 아냐고? 그는 제자들에게 이미 이렇게 말했기 때문이다.

"이미 일어난 일은 그대로 받아들여라. 일단 일어난 일을 받아들이는 것은 불행한 결과를 이겨내는 첫걸음이다."

중국의 철학자 린위탕도《생활의 발견》에 이렇게 썼다.

"참된 마음의 평화는 최악의 상황을 받아들이는 데서 시작된다. 심리학적으로 이것은 에너지의 해방을 의미한다."

정말 그렇다! 심리학적으로 그것은 에너지의 해방을 의미하는 것이다. 최악의 사태를 받아들이고 나면 더 이상 잃을 것이 없어진다. 캐리어도 이렇게 말하고 있지 않은가?

"최악의 상황을 예측하고 기꺼이 받아들이겠다고 결심하자 마음이 차분해져서 오랫동안 맛보지 못했던 평온한 기분을 느꼈고, 그제야 제대로 생각할 수 있었다."

옳은 말이다. 대부분의 사람들이 분노의 소용돌이 속에서 빠져나오지 못하는 것은 최악의 상황을 받아들이지 않고 끝내 거부하기 때문이다. 자기의 운명을 개척하는 것보다 지난 일과 치열한 경쟁에 몰두한 나머지 우울증에 사로잡혀 버리고 마는 것이다.

뉴욕의 어느 석유 판매업자가 나의 강좌에서 캐리어의 마법공식을 적용해서 성공한 자기의 경험을 들려주었다.

나는 무서운 협박을 받고 있었다. 영화에서나 있는 줄 알았던 일이 나에게 일어난 것이다. 사건의 경위는 이러하다.

내가 경영하는 석유회사에는 여러 대의 배달용 트럭과 운전사들이 있었다. 그 당시에는 거래처에 주는 배급량이 엄격하게 제한되어 있었다. 그런데 나도 모르게 몇몇 운전사가 거래처로 배달될 물량의 일부를 속여서 뒤로 빼돌린 모양이었다.

어느 날 이 계통의 감독관이라고 자처하는 사람이 찾아와 몇몇 운전사의 부정행위에 대한 증거 서류를 보이면서, 돈을 주지 않으면 그 사실을 지방 검사에게 고발하겠다고 나를 협박했다.

물론 나에게는 거리낄 일이 아무것도 없었지만 법률상으로는 고용인이 한 행위에 대해 회사가 책임을 지는 것은 당연했고, 더구나 이 사건이 신문에라도 나게 되면 신용이 떨어지는 것은 물론 회사가 무너지게 될지도 모른다는 생각이 들었다. 24년 전에 나의 아버지가 창립했던 자랑스러운 회사였다.

나는 사흘 동안을 밥도 못 먹고 잠도 못 자고 얼빠진 사람처럼 방 안을 빙빙 돌면서 안절부절못했다. 그 사람에게 5천 달러를 주어야 할까? 아니면 마음대로 하라고 버틸까? 나는 어떻게 해야 좋을지 몰랐고 마치 악몽을 꾸고 있는 기분이었다.

나는 우연히 카네기 씨의 강연회에 다닐 때 얻었던 《걱정을 극복하는 법》이라는 책을 집어 들고 읽기 시작했다. 그 책에서 캐리어 씨의 최악의 상황을 받아들이라는 말을 접하게 된 나는 문득 스스로에게 물어보았다.

만약 내가 돈을 주지 않아서 그 자가 지방 검사에게 고발한다면 최악의 경우는 어떻게 될 것인가?

최악의 상황은 회사가 망하는 거지. 좋아. 회사가 망한다면 그 다음은 어떻게 될까? 일자리를 찾아야 하겠지. 그것도 나쁘지 않아. 나는 석유에 관한 일이라면 뭐든 잘 알고 있으니까. 일자리를 부탁하면 기분 좋게 나를 채용할 회사도 몇 있을 거야.

이런 생각을 하자 나는 마음이 홀가분해졌다. 사흘 낮밤을 두고 나를 괴롭히던 근심과 안개가 걷히고 마음이 가라앉았다. 그러자 놀라운 현상이 나타났다. 변호사를 찾아가 볼 생각이 떠오른 것이다. 지금까지 왜 이런 생각을 하지 못했을까? 나는 내일 아침에 변호사를 찾아가리라 결심하고 오랜만에 단잠을 잤다.

변호사는 당장 검사에게 가서 사실대로 말하라고 조언했다. 나는 지체 없이 검사를 찾아갔다.

내 이야기를 다 들은 검사는, 이런 협박 사건은 전부터 자주 있었던 일이라며, '그 계통의 감독관'이라고 사칭하는 사나이는 수배 중인 상습범이라고 말하는 것이었다.

나는 이 말을 듣고 깜짝 놀랐다. 그런 상습적인 나쁜 놈에게 5천 달러를 내주어야 하나 어쩌나 하고 망설이면서 사흘 동안이나 걱정을 하다니! 정말 마음이 놓였다.

이 사건은 비록 나의 어리석음 때문에 비롯된 일이었지만 잊을 수 없는 교훈을 주었다. 그 뒤, 나는 난처한 문제가 생기면 언제나 캐리어의 공식을 적용하고 있다.

지금 당신에게 심각한 고민거리가 있다면 다음 3가지 사항을 실행하는 것이 유익하다. 캐리어 씨의 마법 공식을 적용하라.

걱정에 대해 알아야 할 기본적인 사실 2

1. 일어날 수 있는 최악의 사태가 무엇인지 자문해본다.
2. 피할 수 없는 일이라면 받아들일 각오를 한다.
3. 최악의 사태를 개선할 방법을 찾아본다.

3. 걱정이 인간에게 미치는 영향

걱정과 싸우는 방법을 모르는 사람은
오래 살지 못한다.
– 알렉시 카렐

어느 날 저녁, 어떤 사람이 우리 집 현관 벨을 누르고 우리 가족 모두 천연두 예방접종 주사를 맞아야 한다고 경고했다. 지금 자기와 같은 수천 명의 자원봉사자들이 뉴욕 전역에서 집집마다 돌아다니며 천연두 예방접종을 권하고 있는 중이라는 것이었다. 덕분에 뉴욕 시내에는 곳곳마다 예방주사를 맞으려는 사람들이 길게 줄을 섰다.

병원뿐만 아니라 소방서, 경찰서, 심지어 큰 공장 같은 곳에도 예방접종소가 설치되었고, 2천 명이 넘는 의사와 간호사가 밀려드는 사람들에게 밤낮으로 분주하게 일했다. 이렇게 대대적인 소동의 원인은 대체 무엇이었을까?

이 무렵, 뉴욕 시에서는 8명의 천연두 환자가 발생하였고 그 중 2명이 사망했다. 약 8백만 인구 중에서 겨우 두 사람의 희생자가 생겼는데 이런 소동이 일어났던 것이다.

나는 37년이 넘도록 뉴욕에서 살았지만 걱정이라는 정서적인 질병, 천연두보다 피해 규모가 수천, 수만 배에 이르는 이 질병에 대해 경고하려고 현관 벨을 누르는 사람은 본 적이 없다. 미국 사람들 가운데 10명 중 1명이 걱정이나 감정적인 갈등 때문에 신경 쇠약에 걸려 있다는 사실을 아는 사람이 아무도 없는 걸까? 그래서 나는 지금 당신에게 이것을 경고해 주려고 한다.

　노벨 의학상 수상자인 알렉시 카텔 박사는 말했다.

　"걱정과 싸우는 법을 모르는 사람은 오래 살지 못한다."

　몇 년 전에 산타페 철도 회사의 의무팀으로 근무하는 고버 박사와 텍사스에서 뉴멕시코까지 자동차 여행을 한 적이 있는데, 그때 그는 이런 말을 했다.

　"병원에 오는 환자의 70퍼센트는 걱정이나 공포감에서 벗어나기만 하면 완쾌되는 사람들입니다. 그들의 병이 단순히 기분에 좌우된다는 뜻은 물론 아니에요. 극심한 치통이 그저 기분 탓일 수는 없죠. 신경성 소화불량, 위궤양, 심장병, 불면증, 두통 등도 현실적인 고통을 동반합니다. 나도 12년 동안이나 위궤양으로 고생했기 때문에 잘 알아요. 하지만 공포와 걱정이 온갖 질병의 원인이 되는 건 분명해요. 위 신경에 영향을 주어 위액의 분비에 이상을 초래하고 때로는 위궤양으로까지 발전시키거든요."

　조셉 F. 몬태규 박사도 그의 저서에 이렇게 썼다.

　"위궤양의 원인은 음식에 있는 것이 아니라, 인간의 마음을 좀먹는 걱정에 있다."

메이오 클리닉의 W. C. 앨버레즈 박사는 위궤양 환자 1,500명을 대상으로 연구한 결과를 이렇게 발표했다.

"위궤양은 때때로 감정적인 긴장의 강약에 따라 일어나기도 하고 가라앉기도 한다. 약 80퍼센트는 아무런 육체적인 원인을 찾을 수 없었다. 심리적인 공포, 불안, 증오, 극단적인 이기주의 현실 사회에 적응할 수 없는 무능력 등이 위장병의 원인이었다."

메이오 클리닉의 해럴드 C. 하베인 박사는 평균 연령 43.4세의 기업 임원 176명을 진찰한 결과, 33퍼센트 이상이 고도의 긴장 생활에서 오는 특수한 질환, 즉 심장병, 위궤양, 고혈압 등에 걸려 있다는 것을 확인했다는 연구논문을 발표했다.

기업 임원들 가운데 3분의 1이 45세도 되기 전에 심장병, 위궤양, 고혈압 등으로 고생하고 있다니 성공이란 얼마나 값비싼 것인가! 그것을 과연 성공이라 말할 수 있을까?

최근에 세계에서 가장 유명한 담배 제조업자가 캐나다의 울창한 숲속을 산책하다가 심장 마비로 갑자기 세상을 떠났다. 그는 막대한 재산을 남기고 61세의 나이로 갑자기 죽어버린 것이다.

내가 보기에 그 백만장자보다는, 가난한 농부로 89세에 돌아가신 우리 아버지가 훨씬 잘 사신 것 같다.

플라톤은 이렇게 말했다.

"의사가 범하는 최대의 잘못은 우선 마음을 치료하려 하지 않고, 육체를 고치려고 하는 데 있다. 사람의 마음과 육체는 하나이므로 그것을 따로 취급해서는 안 된다."

의학계가 이 위대한 진리를 깨닫기까지 2,300년이나 걸렸다. 이제야 정신의학이라는 새로운 의학을 연구하기 시작했으니 말이다. 의학은 그동안 무수한 사람들을 죽음으로 몰아간 천연두, 콜레라 같은 끔찍한 질병들은 대개 극복했지만 걱정, 공포, 증오, 절망 등의 감정에 의해 몸과 마음이 파괴되는 질병에 대해서는 거의 아무런 대책이 없었다. 게다가 이러한 마음의 질병에 의한 사망률은 놀라운 속도로 늘어가고 있다.

의사들은 현재 미국인 20명 중 한 사람이 일생에 한 번은 정신병원을 찾아간다고 말하고 있다. 또 제2차 세계대전 중에 소집되었던 젊은이 가운데 6명 중 1명은 정신병이나 정신박약자로 판명되었다고 한다. 그러면 정신 이상의 원인은 무엇일까? 이에 대한 뚜렷한 대답은 아무도 모른다. 그러나 대부분의 경우 공포와 걱정, 부적응이 그 주된 요소로 지적되고 있는 것만은 분명하다. 지금 내 책상에는 에드워드 박사의《걱정을 중단하고 개선하라》라는 책이 놓여 있는데, 그 중에는 다음과 같은 제목들이 있다.

걱정이 심장에 미치는 영향

고혈압은 걱정을 먹고 산다

류머티즘은 걱정 때문에 생길 수도 있다

위장을 위해 걱정을 줄여라

걱정하면 왜 감기에 걸릴까

걱정과 갑상선

걱정과 당뇨병

걱정은 아무리 건강한 사람이라도 병들게 한다. 그랜트 장군은 남북 전쟁이 끝날 무렵에야 이 사실을 알게 되었다.

그랜트 장군은 장장 9개월 동안이나 리치먼드를 포위 공격하고 있었다. 굶주림에 지친 리 장군의 군대는 탈영자가 속출했고, 남아 있는 군인들조차 막사에 모여 기도회를 열고 울부짖으며 거의 광란 상태에 빠져 있었다. 끝이 가까워진 것이다. 리 장군의 군대는 리치먼드의 목화 창고와 담배 창고, 병기고에 불을 지르고 밤하늘에 치솟는 불길을 뒤로 하고 도망치기 시작했다.

그랜트 장군의 군대는 사방에서 맹렬히 남군을 추격했고, 셰리든 장군의 기병대는 도망갈 길을 차단하고 철도를 파괴하여 군수물자를 실은 열차를 포획했다. 하지만 그랜트 장군은 더 이상 지휘를 할 수 없을 정도로 두통이 심해서 농가에서 휴식을 취해야 했다. 그는 《회고록》에서 당시의 상황을 이렇게 썼다.

"나는 밤새도록 뜨거운 겨자물에 두 발을 담그고, 손목과 목 뒤에는 겨자 고약을 붙인 채 아침에는 부디 낫기만을 바랐다."

이튿날 아침, 그는 말끔히 나았다. 하지만 그것은 겨자 고약의 효력 때문이 아니었다.

"아침까지도 나는 극심한 두통에 시달리고 있었는데, 연락 장교가 가져온 항복 문서를 보는 순간 두통이 깨끗하게 사라졌다."

걱정이 미치는 영향을 알아보기 위해 도서관이나 의사를 찾아갈 필요는 없다. 창문만 열고 내다봐도 얼마든지 볼 수 있기 때문이다. 걱정 때문에 신경쇠약에 걸린 사람도 있고, 당뇨병을 앓고 있는 사람도 있다. 프랑스의 위대한 철학자 몽테뉴는 고향인 보르도에서 시장으로 선출되었을 때 시민들에게 이렇게 말했다.

"나는 여러분의 어려운 일을 기꺼이 내 손으로 가져올 준비가 되어 있습니다. 하지만 내 간과 폐로는 가져오지 않을 겁니다."

하지만 내 이웃은 주식의 가격 폭락을 자기 핏속으로 가져와 거의 죽을 뻔했다. 걱정은 관절염이나 중풍을 일으킬 수도 있다. 코넬 의과대학의 러셀 세실 박사는 관절염을 일으키는 주요 원인을 다음 4가지로 정리했다.

1. 결혼 생활의 파탄
2. 경제적인 재난과 파탄
3. 외로움과 걱정
4. 오랫동안 쌓여 온 분노

물론 이 4가지 감정적 요인만이 관절염이 원인이라는 말이 아니라 가장 보편적이고 주요한 원인이라는 뜻이다. 또한 걱정은 충치를 유발할 수도 있다. 윌리엄 맥고니글 박사는 미국치과협회에서 '걱정, 공포, 잔소리 등에서 오는 불쾌한 감정은 결국 체내의 칼슘 균형을 무너뜨려 충치의 원인이 된다'고 경고했다.

혹시 급성 과활동성 갑상선증을 앓고 있는 환자를 본 적이 있는가? 나는 본 적이 있다. 그들은 계속 부들부들 몸이 떨려서 당장 죽을 것만 같다. 신체를 조절하는 갑상선의 분비가 고르지 못해서 계속 가슴이 쿵쿵 뛰고, 온 몸이 마치 통풍조절 장치를 활짝 열어놓은 난로처럼 활활 타고 있다는 것이다. 얼마 전에 나는 갑상선증에 걸린 친구와 함께 필라델피아에 갔었다. 유명한 전문의의 진찰을 받기 위해서였는데 병원 대기실 벽에는 환자들을 위한 조언이 적힌 커다란 나무판이 걸려 있었다.

휴식과 오락

최고의 휴식은
건전한 종교, 잠, 음악, 웃음이다.
믿음을 갖고 깊이 잠들어라.
좋은 음악을 듣고 삶의 유쾌한 면을 보라.
그러면 건강과 행복을 얻으리라.

박사의 첫 번째 질문은 요즘 가장 크게 걱정하는 일이 무엇이냐는 것이었다. 그리고 이렇게 경고했다.

"만일 이대로 걱정을 계속한다면 심장병, 위궤양, 당뇨병까지 생길지 모릅니다. 이런 병들은 사촌지간이거든요."

영화배우 메를 오베론을 인터뷰했을 때 그녀는 말했다.

"처음 인도에서 왔을 때는 걱정도 많고 겁도 났어요. 런던에 아는 사람이 하나도 없었고, 영화 제작자들도 몇 명 찾아가 만나봤지만 저를 채용해 주지 않았거든요. 가지고 있던 얼마 되지 않는 돈도 점점 바닥나서 2주 동안 과자와 물만 먹고 살았어요.

'바보야. 넌 영원히 영화배우가 될 수 없을지도 몰라. 연기를 해본 적도 없잖아! 얼굴 예쁘다는 것밖에 뭐가 있어?'

저는 거울을 들여다보고 깜짝 놀랐어요. 걱정이 제 얼굴에 무슨 짓을 하고 있는지 알게 된 거죠. 잔뜩 찌푸린 얼굴에 주름살까지 생겨 있었어요. 저는 저 자신에게 외쳤죠.

'안 돼! 걱정을 당장 멈춰! 내가 가진 거라곤 얼굴밖에 없는데 걱정은 얼굴을 망친다고!'"

걱정만큼 여자를 빨리 늙게 하고 심술궂게 만드는 건 없다. 걱정은 표정을 굳게 하고 턱선을 딱딱하게 만들며 주름살, 백발, 탈모, 거친 피부, 온갖 종기나 여드름의 원인이 되기도 한다.

윌리엄 제임스는 이렇게 말했다.

"신은 우리 죄를 용서해주실지 모르지만, 신경 체계는 절대로 그렇지 않다."

또 하나의 놀라운 사실은 미국에서는 해마다 5대 전염병으로 죽는 사람보다 자살하는 사람이 훨씬 많다는 것이다. 그들은 왜 죽음을 택하는 것일까? 그 대답은 대개의 경우가 걱정 때문이다.

옛날 중국에서는 잔인한 군주가 죄인을 고문할 때 죄인의 손발을 묶고, 물방울이 똑똑 떨어지는 물주머니 밑에 앉혀 두었다. 똑, 똑, 똑… 밤낮을 가리지 않고 머리 위에 떨어지는 물방울 소리는 마침내 망치로 내려치는 소리처럼 크게 들리게 되고 죄인들은 미칠 지경이 되어 죄를 자백했다. 이러한 고문 방법은 스페인의 종교 재판과 히틀러 치하의 독일 강제 수용소에서도 사용되었다.

걱정은 끊임없이 떨어지는 물방울과 같다. 사람을 미치게 하고, 자살로 몰아넣기도 하는 물방울의 고문인 것이다.

미주리주의 시골에서 살던 어린 시절에 빌리 선디의 〈지옥의 불〉 이야기를 듣고 몸서리를 친 적이 있다. 하지만 그 이야기를 해 준 사람은 이승에서의 걱정 때문에 많은 사람들이 맛볼 수밖에 없는 육체적 고통에 대해서는 한 마디도 해 주지 않았다.

당신이 만약 조그마한 일에도 심하게 걱정을 하는 타입이라면 협심증에 걸릴 수도 있다. 협심증으로 인한 통증은 인간이 겪어 본 통증 중에서 가장 극심한 것이라고 한다. 그렇게 되면 당신은 괴로움에 신음하게 될 것이고, 당신의 울부짖음에 비한다면, 단테의《지옥편》에 나오는 아비규환도《장난감 나라의 아이들》에 나오는 우스운 비명 정도로밖에 생각되지 않을 것이다. 그리고 틀림없이 이렇게 말하게 될 것이다.

"주여! 이 병만 낫게 해주신다면 앞으로 무슨 일이 있어도 절대로 걱정하지 않겠습니다!"

지나친 과장이라고? 당신의 가족이나 의사에게 물어보라.

진실로 인생을 사랑하는가? 건강하게 오래 살고 싶은가? 그렇다면 알렉시 카렐의 말을 진지하게 음미하라.

"현대 도시의 떠들썩함 속에서도 내적 평화를 유지할 수 있는 사람은 정신적 질환에 걸리지 않는다."

당신이 보통 사람이라면 도시 한복판에서도 내적 평화를 유지할 수 있을 것이다. 우리는 대부분 생각보다 훨씬 강하고, 지금까지 한 번도 쓴 적 없는 정신적 자원을 풍부하게 갖고 있다. 헨리 D. 소로는 불멸의 명저《월든》에서 이렇게 말하고 있다.

인간이 자신의 삶을 향상시키기 위해 의식적으로 노력하는 훌륭한 능력을 가졌다는 사실만큼 믿음직스러운 것은 없다. 만일 인간이 자기가 바라는 삶을 살기 위해 확신을 갖고 노력한다면 언젠가 뜻밖의 성공을 거두게 될 것이다.

아이다호주 커르 달렌에 살고 있는 올가 자비는 비극적인 상황에서도 걱정을 충분히 극복할 수 있다는 사실을 깨달았다. 나에게 보낸 편지에 올가는 이렇게 썼다.

8년 전에 암이라는 진단을 받았어요. 느리고도 고통스럽게 죽게 될 거라는 무서운 선고였죠. 나는 주치의에게 전화를 걸어 아직 이렇게 젊은데 그렇게 죽을 순 없다고 울었어요. 그러자 그는 냉정하게 나를 꾸짖었어요.

"올가, 싸워보지도 않고 포기하겠다는 거예요? 당신이 지금 최악의 상황에 처해 있는 건 맞아요. 그러니 현실을 똑바로 봐요. 걱정을 멈추고 지금 해야 할 일을 하세요."

나는 그 자리에서 마음 깊이 다짐하고 맹세했습니다.

"이제 더 이상 걱정하지 않겠어. 울지도 않을 거야. 내가 할 일은 병을 이겨 내는 거야! 난 살 거야!"

라듐을 처방할 수 없을 정도로 많이 진행된 암에는 보통 30일 동안 하루에 10분씩 방사선 치료를 받지만 나는 49일 동안 하루에 14분 30초씩이나 방사선 치료를 받았어요.

깡마른 몸 밖으로 뼈가 메마른 황무지의 바위처럼 튀어 나왔고 다리는 납덩이처럼 무거웠지만 나는 절대로 걱정하지 않았어요. 한 번도 울지 않았고요. 나는 오히려 명랑하게 웃으며 지냈습니다. 솔직히 말하면 억지로라도 웃으려고 노력했지요.

물론 웃는 것으로 암이 치료된다고 믿었던 건 아니에요. 하지만 명랑하고 유쾌한 정신적 태도야말로 병을 감당해 내는 데 보탬이 되리라고 믿었던 거죠.

아무튼 나는 암이 기적적으로 치료되는 경험을 했습니다. 최근 몇 년 동안은 그 어느 때보다도 건강했고요. 그 모든 것이 주치의 매캐프리 박사님의 도전적이고 용감한 말씀 덕분이었죠.

"현실을 똑바로 봐요. 당장 걱정을 멈추고 지금 해야 할 일을 하세요."

여기서 카렐 박사의 '걱정과 싸우는 방법을 모르는 사람은 일찍 죽는다'는 말을 다시 강조하지 않을 수 없다.

예언자 마호메트의 광신자들은 자신의 가슴에 코란의 문구를 문신으로 새겼다고 한다. 나는 이 책을 읽는 독자들의 가슴에 이 말을 새겨주고 싶다.

"걱정과 싸우는 방법을 모르는 사람은 일찍 죽는다."

카렐 박사는 대체 누구를 향해 이 말을 했던 것일까?

혹시 당신에게?

그럴 수도 있다.

걱정에 대해 알아야 할 기본적인 사실 3

계속 걱정하고 있으면 건강을 해치는 엄청난 대가를 지불하게 된다. 걱정과 싸우는 방법을 모르는 사람은 일찍 죽는다.

Part 2

걱정을
분석하라

1. 걱정을 분석하고 해결하는 방법

나에게는 충직한 하인이 6명 있다.
나는 모든 것을 그들에게서 배웠다.
그들의 이름은 누가, 언제, 어디서, 무엇을, 어떻게, 왜다.
– 러디어드 키플링

앞에서 배운 윌리스 캐리어 씨의 마법 공식으로 모든 걱정을 해결할 수 있을까? 물론 그렇지는 않다. 그러면 어떻게 해야 할까? 온갖 종류의 걱정을 처리하기 위해서 우리는 걱정에 대한 3단계 대처법을 알아두어야 한다.

1단계 – 사실을 파악하라.
2단계 – 사실을 분석하라.
3단계 – 결론을 내리고 그 결론에 따라 행동하라.

그걸 누가 모르냐고? 하지만 이것은 아리스토텔레스가 가르치고 실천했던 방법이다. 밤낮으로 우리를 괴롭히고 우리의 나날을 지옥으로 만들고 있는 걱정거리를 가장 확실하게 해결하는 가장 쉽고도 간단한 방법인 것이다.

1단계 - 사실을 파악하라.

사실을 파악하는 것이 왜 그렇게 중요한 것일까? 사실을 제대로 파악하지 못하면 지적으로 그 문제를 해결해 보려는 시도조차 불가능하기 때문이다. 사실을 알지 못하는 상태에서 할 수 있는 일은 조바심을 내며 발을 동동 구르는 것뿐이다. 이것은 컬럼비아 대학의 학장이었던 고 허버트 E. 허크스 교수의 생각이다. 그는 이렇게 말했다.

세상 걱정의 절반은 사실을 충분히 파악하지 못한 상태에서 결정을 내리려고 서두르기 때문에 생기는 것이다. 가령, 나에게 다음 주 화요일 오후 3시까지 해결해야 할 문제가 있다면 나는 화요일이 되기까지는 그 문제에 대해서 어떤 결정도 내리려고 애쓰지 않을 것이다. 나는 그 문제와 관계있는 사실들을 조사하여 그 문제를 파악하는 일에 전념할 뿐 절대로 조바심을 내거나 골치를 앓거나 불면증에 걸리지도 않는다. 그렇게 화요일 오후 3시 전까지 사실을 파악해 두면 문제는 대개 저절로 해결된다. 그렇기 때문에 나는 걱정으로부터 완전히 해방되었다고 단언할 수 있다. 누구라도 객관적인 입장에서 사실을 파악하는 일에만 전념하면, 모든 걱정이 사실이라는 빛 앞에서 연기처럼 사라져 버리는 것을 경험할 수 있을 것이다.

나는 허크스 학장에게 정말로 걱정에서 완전히 해방되었느냐고 물었다. 그의 대답은 '예스'였다.

"나는 완전히 걱정에서 해방되었다고 단언할 수 있습니다. 처음부터 객관적인 입장에서 사실을 파악하는데 시간을 들이면 모든 걱정은 지식의 빛 속에서 증발한다는 것을 발견했으니까요."

토머스 에디슨은 이에 대해 이렇게 말했다.

"사람들은 온갖 수단을 다 동원해서라도 생각이라는 노동을 피하려고 애쓴다."

정말 그렇다. 우리는 기왕에 생각하고 있던 것을 지지하는 사실만 추구하며, 다른 것들은 무시해 버리려는 경향이 있다. 자기의 행동을 정당화하는 사실, 희망적인 생각과 일치되는 사실, 기존에 갖고 있던 편견을 정당화시켜주는 사실들만 원하는 것이다.

이에 대해서 앙드레 모루아는 이렇게 말했다.

"우리의 개인적인 욕망에 일치되는 것들은 모두 진실처럼 보이고, 그렇지 않은 것들은 우리를 화나게 만든다."

이것은 2 더하기 2는 5라고 믿으면서 수학 문제를 푸는 것과 같다. 그런데도 세상에는 2 더하기 2는 5, 심지어 500이라고 우기면서 자기와 다른 사람의 삶을 지옥으로 만드는 사람이 많다.

그렇다면 우리는 어떻게 해야 할까? 감정과 사고를 분리해야 한다. 호크스 학장의 말대로 편견 없이 객관적인 입장에서 사실을 확인해야 한다. 하지만 걱정에 빠져 있을 때는 사물을 객관적으로 생각하기 어렵다. 감정이 앞서기 때문이다.

하지만 나에게는 한 발짝 비켜서서 문제를 객관적으로 관찰하는 데 도움이 되는 2가지 방법이 있다.

1. 사실 확인을 할 때, 나 자신을 위해서가 아니라 다른 사람을 위해서 자료를 수집하고 있다고 생각하라. 그러면 사실을 아주 냉정하고 공평하게 관찰할 수 있으며 감정을 제거할 수 있다.
2. 걱정되는 문제와 관련된 사실을 수집할 때는, 나와 대립하는 쪽 변호사의 입장이 되어라. 나에게 불리한 사실, 내가 마주하고 싶지 않은 사실을 모으는 것이다.

그리고 나서 내 입장과 반대되는 쪽의 입장을 둘 다 적어본다. 대개의 경우, 진실은 이 두 가지 상반된 극단의 중간에 있다는 사실을 알게 된다.

내가 말하고 싶은 것은 당신도, 나도, 아인슈타인도, 미국 최고의 재판소라도 사실을 제대로 파악하지 않고서는 절대로 현명한 결정을 내릴 수 없다는 사실이다. 그러므로 문제 해결의 제1규칙은 사실을 파악하는 것이다.

2단계 - 사실을 분석하라.

세상의 모든 사실을 모은다 하더라도 분석하지 않으면 아무 소용이 없다. 나는 당신에게 먼저 그동안 모은 사실을 기록해 보라고 권하고 싶다. 문제를 종이 위에 써보는 것만으로도 문제를 분석하는 데 큰 도움이 된다. 찰스 케터링의 말대로 '문제를 정확하게 진술하면, 이미 절반은 해결된 셈이다.'

내가 수년 전부터 알고 지내던 갈렌 리치필드의 이야기가 이 말을 증명해 줄 것이다. 그는 미국 동부 지역에서 가장 성공한 사업가 가운데 한 사람이다. 그는 일본이 상하이를 침공했던 1942년에 중국에 있었다.

일본군이 상하이로 밀고 들어왔습니다. 당시 나는 아시아생명보험 상하이 지점장이었는데, 일본군 대장이 우리 회사에 재무부의 해군 장성을 보내서 우리 회사의 자산을 몰수할테니 협조하라고 명령했습니다. 선택의 여지가 없었죠. 협력하지 않으면 죽음밖에 없었으니까요. 나는 그들이 시키는 대로 했습니다. 하지만 일본군에게 넘기는 자산표에서 75만 달러 상당의 유가증권 한 묶음을 누락시켰습니다. 사실 그 증권은 홍콩 지점에 소속된 것이었기 때문에 우리 회사의 자산이 아니기도 했습니다.

그러면서도 혹시 그것이 발각되면 그냥 넘어가지 못할 것이었기 때문에 걱정이 이만저만이 아니었습니다. 아니나 다를까 결국 그들에게 들키고 말았습니다. 이 사실이 발각되었을 때 나는 마침 자리에 없었습니다. 당시 사무실에는 회계과장이 있었는데, 나중에 들어보니 일본군 대장이 노발대발하면서 발을 동동 구르며 난리도 아니었답니다. 나를 도둑놈! 반역자!라고 욕하면서 일본군을 모독했다고 길길이 날뛰었다는 거예요. 만약 그 자리에 있었더라면 브리지하우스에 끌려갈 게 분명했습니다.

브리지하우스! 일본 게슈타포들의 고문실 말입니다!

그곳으로 끌려가느니 차라리 죽겠다며 자살을 택한 사람도 있었고, 그곳에 열흘 동안 갇혀서 온갖 고생을 하다가 죽은 친구들도 적지 않았습니다. 그런데 내가 그곳으로 끌려가게 될 위기에 처한 겁니다.

내가 그 소식을 들은 건 일요일 오후였습니다. 이때 만일 내가 문제를 해결하는 명확한 기법을 몰랐더라면 나는 공포 때문에 지레 죽었을지도 몰라요. 나는 걱정이 생기면 늘 그랬던 것처럼 즉시 타자기 앞에 앉아 다음 2가지 질문과 답을 적었습니다.

1. 지금 걱정하는 것은 무엇인가?
내일 아침 브리지하우스로 끌려갈까봐 무섭다.

2. 내가 할 수 있는 일은 무엇인가?
나는 몇 시간을 두고 내가 취할 수 있는 방법을 하나하나 생각하면서 4가지 경우를 적었습니다.

① 일본군 대장에게 자세히 설명한다.

통역을 통해 설명하다 보면 오히려 화를 돋울 수 있다. 그것은 죽음을 의미한다. 그는 잔인한 사람이니까 귀찮은 변명 따위를 듣느니 그냥 나를 브리지하우스에 처넣고 말 것이다.

② 도망친다.

불가능하다. 도망치다가 잡히면 바로 총살이다.

③ 사무실에 가지 않는다.

일본군 대장이 변명할 기회도 주지 않고 병사들을 시켜서 나를 바로 브리지하우스에 집어넣고 말 것이다.

④ 월요일 아침에 여느 때처럼 태연하게 출근한다.

일본군 대장이 너무 바빠서 그 일을 잊었을 수도 있다. 그렇지 않다 해도 일단 화는 가라앉았을 것이고 변명할 기회도 있을 것이다.

이렇게 마음을 정리하고 네 번째 계획을 받아들일 결심을 하자 마음이 한결 홀가분해졌습니다.

다음날 아침에 나는 결심했던 대로 사무실에 나갔습니다. 일본군 대장이 벌써 와서 담배를 입에 물고 의자에 앉아 있었는데, 그는 나를 빤히 노려보긴 했지만 아무 말도 하지 않았습니다. 나는 아무 일도 없었던 것처럼 내 자리에 가서 앉았죠. 그리고 평소와 다름없이 업무를 시작했습니다. 일본군 대장은 그 일에 대해서 언급도 하지 않았고, 6주 뒤에 그는 도쿄로 돌아갔습니다.

일요일 오후에 책상 앞에 앉아서 내가 취할 수 있는 갖가지 방법과 예상되는 결과를 기록해 보고 나서 냉정하게 결단을 내리지 않았더라면 나는 당황해서 허둥대다가 치명적인 실수를 저질렀을지도 모릅니다. 우선 일요일 오후를 번민 속에서 보냈을 것이고, 아마 뜬눈으로 밤을 새웠겠죠.

그러고 나서 월요일 아침에 초췌한 얼굴로 사무실에 나갔더라면 어떻게 됐을까요? 생각만 해도 끔찍한 일이지만 번민의 흔적이 가득한 내 초췌한 얼굴을 보고 일본군 대장은 의혹을 품게 되어 어떤 조치를 취했을지도 모릅니다.

생각이 맴돌면서 사람을 미치게 하고 생지옥에서 허덕이게 하는 것은 우리가 상황을 확실하게 파악하지 못해서 확고한 목적을 정하지 못했을 때 생기는 일이라는 것을 나는 이 일을 통해서 확실하게 깨달았습니다. 나는 걱정의 50퍼센트는 명확한 판단을 내림과 동시에 사라지고, 그 결정을 실행해 옮기는 것으로 나머지 40퍼센트가 사라지는 것을 발견했습니다. 다음의 4단계로 걱정의 90퍼센트를 물리치게 되는 거죠.

1. 무엇에 대해서 걱정하는지 자세히 기록한다.
2. 그것에 대해서 내가 할 수 있는 방법을 기록한다.
3. 어떤 방법을 선택할지 결정한다.
4. 그 결정을 즉시 실행에 옮긴다.

3단계 – 결론을 내리고 그 결론에 따라 행동하라.

갈렌 리치필드의 방법이 그렇게 효과적인 이유는 구체적이고 효율적이며 문제의 핵심에 곧장 접근했기 때문이다. 게다가 없어서는 안 될 제3의 규칙, '결론을 내리고 그 결론에 따라 행동한다'는 규칙을 갖고 있기 때문이다. 행동하지 않는다면 어떤 조사나 분석도 정력 낭비에 불과하게 될 것이다.

윌리엄 제임스는 이렇게 말했다.

"일단 결정했으면 결과에 대한 모든 걱정과 책임은 깡그리 잊어버려라."

결정했으면 행동으로 옮겨라. 다시 생각하려고 멈추지 마라. 이것저것 생각하다가 머뭇거리며 걱정하지 마라. 결정의 절차를 다시 밟기 시작해서는 절대로 안 된다.

걱정을 분석하는 방법 1

1단계 – 사실을 파악하라.

2단계 – 사실을 분석하라.

3단계 – 결론을 내리고 그 결론에 따라 행동하라.

---

2. 업무상 걱정을 반으로 줄이는 방법

세상 걱정의 절반은
사실을 충분히 파악하지 못한 상태에서
결정을 내리려고 서두르기 때문에 생기는 것이다.
– 허버트 E. 허크스

 업무상 걱정을 반으로 줄인다고?

지금 당신은 아마 이런 말을 혼자 중얼거릴 것이다.

"어이가 없군. 나는 이미 19년이나 계속 일했어. 그동안 겪을만한 일은 다 겪었고, 남들이 해결할 수 있는 일이라면 나도 다 할수 있다고! 업무상 고민을 반으로 줄이는 법을 가르쳐 주겠다고?정말 어이가 없군!"

4, 5년 전에 이런 제목을 보았다면 나도 분명히 그렇게 생각했을 것이다. 그리고 솔직히 나는 당신의 업무상 걱정을 정말로 반으로 줄여주지 못할 수도 있다. 최종적으로 그렇게 할 수 있는 사람은 결국 당신 자신뿐이기 때문이다. 내가 할 수 있는 일은 다만다른 사람들이 어떻게 걱정을 줄였는지 방법을 얘기해주는 것뿐이고, 나머지는 당신 몫이다.

먼저 내가 앞서 인용한 알렉시 카렐 박사의 말을 잘 기억해주기 바란다.

"걱정과 싸우는 방법을 모르는 사람은 일찍 죽는다."

걱정이 이 정도로 심각한 문제라면 내가 당신의 걱정을 10퍼센트만 줄여주어도 만족스럽지 않을까?

좋다! 그렇다면 어떤 회사 중역이 업무상의 문제 해결을 고심한 결과 업무상 걱정을 절반으로 줄이고, 회의에 허비했던 시간의 75퍼센트를 절약한 이야기를 해주겠다.

이것은 '미스터 존'이라든가 'X씨' 또는 '오하이오주의 내 친구'라든가 하는 가공의 인물 이야기가 아니라 실제로 이 세상에 존재하는 사람, 리언 심킨의 이야기다.

리언 심킨은 미국 최대 출판사인 사이먼앤슈스터의 공동 소유주이자 총 책임자다. 다음은 그가 말해준 체험담이다.

지난 15년 동안 나는 매일 오전 시간을 회의나 토론으로 보냈다. 이렇게 할까, 저렇게 할까, 혹은 그만 둘까? 우리는 늘 흥분해서 의자 위에서 몸을 뒤틀었으며 방 안을 서성거렸다. 의논은 늘 다람쥐 쳇바퀴 돌 듯 끝이 없었고 좀처럼 결론이 나지 않았다.

밤마다 나는 녹초가 되도록 지쳐 버렸고 죽을 때까지 이런 상태가 계속되는가 싶었다. 무려 15년 동안이나 계속된 일이라 다른 방법은 전혀 찾아볼 생각도 못하고 있었던 것이다.

이때 만약 누가 회의에 소비하고 있는 시간의 4분의 3과, 스트레스의 4분의 3을 제거하는 방법을 가르쳐주겠다고 했다면, 나는 그 사람을 세상 물정 모르는 비현실적인 인간이라고 욕했을 것이다. 그랬던 내가 그 방법을 찾아냈다. 그리고 그 뒤로 지금까지 8년째 그 방법을 사용하고 있는데 업무 효율성이 높아진 것은 물론이고, 개인적으로도 훨씬 건강하고 행복해졌다. 무슨 마술 같은 이야기냐 싶겠지만, 알고 보면 아주 간단한 것이다.

첫째, 15년 동안이나 계속된 회의를 없앴다. 직원이 문제에 대해 설명하고 '이제 어떻게 할까요?' 하고 묻는 회의 말이다.

둘째, 새로운 규칙을 만들었다. 문제를 제기하고 싶은 사람은 다음 4가지 질문에 대해 생각해 보고 답을 적어오는 방식이었다.

질문1. 무엇이 문제인가?
이제껏 문제의 본질을 뚜렷이 구체화하지 않은 채로 한 시간이든 두 시간이든 갑론을박했던 일이 얼마나 많은가!

질문2. 문제의 원인은 무엇인가?
문제의 근본 원인을 분명하게 파악하려는 노력도 하지 않고 그저 어떻게 처리할지만 의논하면서 시간을 허비했던 것을 생각하면 정말 지긋지긋한 생각이 든다.

질문3. 문제를 해결하기 위해 가능한 방법은 무엇인가?

누가 해결책을 제시하면 다른 사람이 반박하기 일쑤였고, 그러다 보면 모두 열이 나서 주제에서 벗어나는 일이 많았다.

질문4. 당신이 제안하는 해결법은 무엇인가?

지금까지 우리는 해결책이라고는 전혀 없이 걱정만 하는 사람들끼리 회의를 하고 있었던 것이다.

이제는 회사에서 문제를 들고 나를 찾아오는 사람은 거의 없다. 4가지 질문에 대답하기 위해서는 먼저 사실을 파악하고 그 문제를 충분히 검토해야 했는데, 그렇게 하고 나면 대개의 경우 적절한 해결책이 마치 토스터에서 빵이 튀어나오는 것처럼 저절로 생각났기 때문이다.

간혹 여럿이 모여 의논할 필요가 있는 경우라도 회의 시간은 종래의 3분의 1로 충분하다. 이미 문제가 논리적으로 정돈되어 있기 때문에 서로 갑론을박하다가 주제에서 벗어나는 일이 거의 없어졌고, 덕분에 합리적인 결론을 도출하기가 무척 쉬워졌기 때문이다.

이제 우리 회사에서는 잘못된 문제를 걱정하며 의논하는 시간은 훨씬 줄어들고 문제를 해결하기 위한 행동은 전보다 훨씬 많아졌다.

보험업계의 거물인 내 친구 프랭크 베트거도 이런 방법으로 업무상의 고민을 해결하여 수입을 2배가량이나 늘렸다고 한다.

처음 보험 증서를 팔기 시작했을 때는 엄청난 정열과 애착을 갖고 있었다. 그런데 정말 지긋지긋할 정도로 일이 안 풀렸다. 어느 일요일 아침에 고민의 원인을 파악할 생각을 하지 않았더라면 아마도 일을 그만 두었을 것이다. 나는 스스로 3가지를 물었다.

1. 대체 무엇이 문제인가?

그렇게 발이 닳도록 돌아다니는데도 수입이 이에 따르지 못한다. 얘기가 곧잘 진행되다가도 막상 계약을 하려고 하면 왜 다들 "글쎄요. 좀 더 생각해 봐야겠습니다. 다음에 한 번 더 오세요" 하며 거절하는 것일까? 이렇게 몇 번이나 헛걸음을 치게 되는 것이 점점 지긋지긋해진다.

2. 해결 방법은 없을까?

이 질문에 대답하기 위해서는 우선 사실을 잘 알아야 했다. 나는 최근 1년간의 장부를 꺼내놓고 연구해 보았다. 그리고 여기서 놀랄 만한 사실을 발견했다. 계약의 70%는 첫 번째 면담에서 성공했다는 사실이다! 그리고 나머지의 23%는 두 번째 면담에서 성공했고, 3번, 4번, 5번씩 찾아가 성공한 것은 7%였다. 그렇다면 이제껏 고작 7% 때문에 하루의 절반 이상을 낭비한 셈이다!

3. 대답은 무엇인가?

그것은 명백했다. 나는 한 곳을 2번 이상 방문하지 않기로 결정하고, 그 시간을 새로운 고객을 찾는 일에 돌리기로 했다. 그 결과는 실로 놀랄만했다. 얼마 안 가 나는 2배의 수익을 올릴 수가 있었다.

이렇게 미국의 생명 보험계에서 베스트 세일즈맨으로 매년 수백만 달러의 보험 계약을 성립시키고 있는 프랭크 베트거도 초기에는 보험업에서 손을 떼려고 생각했을 정도로 힘들었다. 하지만 문제를 분석함으로써 실패를 성공으로 바꾸게 된 것이다.

당신도 사업상 문제에 이러한 문답을 적용할 수 있다면 반드시 당신의 걱정을 50퍼센트는 해소할 수 있다고 단언한다.

걱정을 분석하는 방법 2

걱정되는 문제가 생겼다면 다음 질문에 대답해 보라.

1. 문제는 무엇인가?

2. 문제의 원인은 무엇인가?

3. 문제 해결을 위해 가능한 방법은 무엇인가?

4. 가장 좋은 해결법은 무엇인가?

Part 3

걱정하는
습관을 버려라

1. 걱정을 몰아내라

나는 4~5년 전 어느 날 밤, 매리언 J. 더글러스(그의 개인적인 사정으로 부득이 가명을 사용한다)가 들려준 이야기를 결코 잊을 수 없다. 그는 그의 가정에 두 번이나 연거푸 들이닥친 비극에 대해 털어놓았다. 첫 번째 비극은 5살 난 귀여운 딸을 잃은 것이었다. 그와 아내가 상실의 아픔을 미처 벗어나기도 전에 두 번째 비극이 그들을 찾아왔다. 10개월 만에 다시 얻은 딸이 태어난 지 5일 만에 세상을 떠나고만 것이었다. 그는 그때의 참혹한 상황을 이렇게 고백했다.

나는 완전히 기력을 잃고 말았다. 잠을 잘 수도, 음식을 먹을 수도, 마음을 가라앉힐 수도 없었다. 두 딸이 내 곁을 떠났다는 것을 나는 믿을 수 없었고, 모든 것이 혼란스럽기만 해서 나는 더 이상 세상을 살아갈 자신이 없었다.

어떤 의사는 수면제를 처방해 주었고, 어떤 의사는 여행을 권했다. 둘 다 시도해 보았지만 소용없었다. 덫에 붙잡힌 내 몸 양쪽으로 벽이 빠른 속도로 조여 오는 것만 같았다. 비탄과 긴장, 깊은 슬픔에 사로잡혀 본 일이 있는 사람이라면 이 마음을 짐작할 수 있을 것이다.

하지만 감사하게도 나에게는 4살 난 아들이 남아 있었다. 그리고 이 아이가 나를 걱정에서 해방시켜 주었다.

그날 오후에도 나는 넋을 놓고 앉아있었다.

"아빠, 보트 만들어 주세요." 아이가 졸랐다.

나는 보트를 만들 기분이 아니었다. 세상만사가 다 귀찮았으니까. 하지만 아들 녀석은 고집불통이었다.

결국 나는 보트를 만들기 시작했다. 꼬박 3시간이나 걸렸다. 그리고 보트를 다 만들었을 때 나는 요 몇 개월 동안 처음으로 내 마음이 평온했다는 것을 깨달았다. 그 사실을 깨닫자 나는 지금까지의 무력감에서 빠져나왔고 다시 생각할 수 있게 되었다.

그때부터 나는 온 집 안을 돌아다니면서 해야 할 일의 목록을 만들기 시작했다. 책상, 계단, 덧문, 문의 손잡이, 자물쇠, 구멍 난 홈통 등 둘러보니 수리할 곳이 수십 군데가 넘었다. 놀랍게도 나는 그 2주 동안에 손보아야 할 일거리를 242건이나 찾아 낸 것이었다.

최근 2년 동안에 나는 이 일들을 거의 다 처리했다. 게다가 나는 줄곧 바쁜 나날을 보냈다.

1주일에 2번 씩 뉴욕의 성인 클라스에 출석하고 있고, 내가 살고 있는 고장의 시민 활동에 참가하고 있으며, 현재는 교육 위원회의 의장직을 맡고 있다. 이 밖에도 나는 여러 모임에 참석하고 있으며, 적십자사를 비롯한 여러 공공사업을 위한 모금 운동도 돕고 있다. 그래서 지금 나는 너무 바빠서 걱정하거나 슬퍼하고 있을 시간이 없다.

걱정하고 있을 겨를이 없다!

이것이야말로 윈스턴 처칠이 세계대전이 한창 불을 뿜는 가운데서 하루 18시간씩 일하던 때에 한 말이다. 처칠은 그가 지고 있는 책임이 너무 무거워서 걱정이 많으시겠다고 위로하는 말에 대해 이렇게 대답했던 것이다.

위대한 과학자 파스퇴르도 도서관이나 실험실에 가면 마음이 편안해진다고 말했다. 왜 도서관이나 실험실에 가면 마음이 편안해질까? 그런 곳에서는 업무에 몰입하느라 자기 자신에 대해 걱정할 겨를이 없기 때문이다. 연구에 온 힘을 쏟는 사람은 거의 신경쇠약에 걸리지 않는다. 그런 사람들에게는 그런 사치를 부릴 여유가 없기 때문이다.

왜 바쁘게 지내면 걱정과 불안이 사라질까? 그것은 아무리 머리 좋은 사람이라도 한 번에 두 가지 생각을 동시에 할 수 없다는 가장 기본적인 심리학 규칙에 의한 것이다. 믿기 어려운가? 그렇다면 실험을 해 보자.

지금 의자 깊숙이 기대앉아 눈을 감고 자유의 여신상과 내일 아침에 해야 할 일을 동시에 생각해 보라. 두 가지 생각을 번갈아가면서 할 수는 있지만 동시에 할 수는 없다는 것을 알았을 것이다.

우리의 감정도 그렇다. 신나는 일을 하면서 활기 넘치는 동시에 걱정에 빠지는 일은 할 수 없는 것이다. 기억하라. 하나의 감정은 다른 감정을 몰아낸다!

싸움터에서의 무서운 경험에 질려 후송된 장병들에게 군의관은 '그들을 바쁘게 만들어주는 것'이 가장 좋은 치료법이라고 말했다. 정신적인 충격으로 심각한 트라우마를 겪는 사람들에게 잠자는 시간만 빼고는 온종일 활동하게 만들었다. 낚시질, 사냥, 야구, 골프, 사진, 정원 손질, 댄스 등 주로 야외 활동을 하게 하면서 지난날의 무서운 경험을 되새겨 걱정할 겨를을 주지 않는다는 것이다.

직업 치료는 정신과에서 쓰는 용어다. 새로운 것은 아니고, 고대 희랍 의사들이 그리스도가 태어나기 5백년 전에 이미 사용했던 것이다.

퀘이커 교도는 벤자민 프랭클린 시대에 필라델피아에서 이 요법을 사용했다. 1774년 퀘이커 교도의 요양소를 찾은 어떤 사람은 정신병환자들이 그곳에서 열심히 길쌈하는 것을 보고 깜짝 놀랐다고 한다. 불쌍한 사람들이 착취당하고 있는 줄 알았던 것이다. 그런데 일에 열중하는 것이 신경을 안정시키는 데 특효라는 말을 듣고야 납득이 되었다고 한다.

헨리 W. 롱펠로도 젊은 아내를 잃었을 때 이 사실을 절감했다. 그의 아내는 어느 날 촛불로 봉랍을 녹이다가 옷에 불이 붙었다. 롱펠로는 아내의 비명소리를 듣고 달려갔지만 아내는 끝내 사망했다. 롱펠로는 그때의 끔찍스러운 광경이 자꾸 떠올라 거의 미쳐 버릴 지경이었다. 하지만 다행스럽게도 그에게는 그의 보살핌이 필요한 어린 자식이 셋이나 있었다. 그는 슬픔 속에서도 아이들에게 아버지 겸 어머니 역할을 충실히 했다. 그는 아이들과 함께 산책을 나가고 이야기를 들려주고 같이 놀아 주었다.

아이들 사이의 우정을 다룬 《아이들의 시간》이라는 시를 썼으며, 단테의 《신곡》을 번역했다. 이처럼 여러 가지 일을 하느라 너무 바빴기 때문에 그는 슬픔과 고통을 잊고 마음의 평화를 되찾았던 것이다.

테니슨은 가장 아끼던 친구 아서 할람이 세상을 떠났을 때 이렇게 말했다.

"나는 일에 몰두하여 나 자신을 잊어야 해. 그렇지 않으면 절망 속에 빠져 피폐해져버리고 말 거야."

옳은 말이다. 우리들은 대부분 날마다 하루 종일 일하기 때문에 걱정할 시간은 별로 없다. 위험한 것은 하루 일이 끝난 뒤에 찾아오는 빈 시간이다. 자유롭게 자기 시간을 즐기고, 가장 행복해야 할 그때에 걱정이라는 끔찍한 마귀가 우리를 공격하는 것이다.

나는 잘 살고 있는 걸까? 나는 제대로 궤도에 올라 서 있는 걸까? 오늘 부장이 묘한 말을 하던데, 그것은 무슨 뜻이었을까? 머리가 조금씩 벗겨지는 것 같은데 어쩌지? 잊고 있던 온갖 일들이 떠오르기 시작하는 것이다.

바쁜 일이 없으면 우리 머릿속은 진공상태에 가까워진다. 물리학을 배운 사람이라면 누구나 '자연은 진공상태를 거부한다'는 사실을 알고 있을 것이다. 자연은 텅 빈 마음도 금세 채운다.

무엇으로? 물론 감정으로! 왜냐하면 걱정, 두려움, 질투, 부러움 등의 감정은 원시적인 힘과 역동적인 에너지에 의해 생기기 때문이다. 이러한 감정들은 극히 파괴적이라 평화롭고 행복한 감정을 맹렬하게 몰아낸다.

컬럼비아 대학의 제임스 L.머셀 교수는 이렇게 말했다.

걱정은 인간이 행동할 때가 아니라 하루의 일과가 끝났을 때 가장 심하게 덤벼든다. 우리의 상상력은 온갖 종류의 어리석은 가능성을 떠올리면서 아무것도 아닌 실수들을 확대 해석한다.
그때의 마음은 브레이크가 고장난 자동차와 같다. 이 자동차는 점점 더 속력을 내어 달리다가 산산조각이 날 수도 있다. 걱정을 덜 하고 싶다면 건설적인 일에 몰두하는 게 좋다.

나는 세계에서 가장 유명한 여성 탐험가인 오사 존슨에게서 그녀가 걱정과 슬픔에서 어떻게 벗어났는지 직접 들었다. 그녀의 저서 《나는 모험과 결혼했다》의 제목대로 그녀는 모험과 결혼한 여자였다.

오사 존슨은 16세에 마틴 존슨과 결혼했다. 그리고 캔자스에서 비행기로 출발하여 보르네오의 야생 정글로 들어간 뒤, 그로부터 25년 동안 이 부부는 온 세상의 멀고 험한 오지들을 돌아다니며 아시아와 아프리카에서 사라져 가는 야생 동물의 생활을 촬영했다. 9년 전에 미국으로 돌아온 이 부부는 자신들이 찍은 다큐멘터리 영상을 보여주면서 순회강연을 하고 있었다. 그런데 덴버에서 태평양 연안으로 이동하던 도중에 그들이 타고 있던 비행기가 산에 부딪쳐 마틴 존슨은 그 자리에서 죽고 말았다. 의사는 오사 존슨에게 재기 불능이라는 진단을 내렸다. 하지만 오사 존슨이 어떤 사람인가! 3개월 뒤에 그녀는 휠체어에 앉은 채로 다시 강연을 시작했다. 나는 그녀에게 어떻게 그렇게 할 수 있었느냐고 물었다. 그녀는 이렇게 대답했다.

"슬픔과 걱정에 빠질 시간을 만들고 싶지 않았어요."

바드 제독이 다섯 달 동안, 남극을 뒤덮고 있는 대빙하기의 만년설에 묻힌 오두막집 속에서 고독한 생활을 하고 있을 때, 그 또한 이 진리를 터득했다. 주위의 백마일 안에는 생물이라고는 아무것도 살고 있지 않았다. 추위가 얼마나 심했던지 바람이 불면 자신의 입김이 얼어붙는 소리를 들을 수 있었고, 낮은 밤과 마찬가지로 어두웠다. 사람을 당황하게 하고 지치게 만드는 암흑 속에서 그는 정신을 잃지 않기 위해 언제나 바빠야 했다. 그는 그때의 경험을 저서《혼자서》에서 이렇게 쓰고 있다.

밤에 등불 끄기 전에 나는 다음날 아침에 할 일을 계획하는 습관을 길렀다. 예를 들면, 정비하는 데 한 시간, 식료터널 벽에 책꽂이를 만드는 데 한 시간, 썰매의 브리지를 갈아 끼우는 데 두 시간, 이런 식이었다. 시간을 할당하는 것은 참으로 훌륭한 생각이었다. 구체적인 시간 계획 덕분에 나는 자제심을 지닐 수가 있었다. 만일 이런 일이 없었더라면 하루하루를 보내는 목적이 없어졌을 것이고, 목적 없는 나날이 계속되는 한 생활은 허물어지지 않을 수 없었을 것이다.

여기서 '목적 없는 나날이 계속되는 한 생활은 허물어지지 않을 수 없었을 것이다' 라는 구절을 꼭 기억해주기 바란다. 우리의 마음속에 걱정거리가 생겼을 때에는 예전부터 늘 해오던 일을 약 대신 쓸 수 있다는 뜻이다.

하버드 대학의 임상 의학 교수였던 리처드 C. 캐벗 박사는 그의 저서《사람은 무엇으로 사는가?》에서 이렇게 말하고 있다.

의심이나 망설임, 감정적 동요, 두려움으로 정신이 마비될 정도의 고통을 겪던 사람들이 바쁘게 일하는 것으로 치료되는 것을 볼 때마다 의사로서 나는 정말 행복했다. 일을 통해 얻는 용기는 일찍이 에머슨이 주창했던 주체성과 비슷한 것이다.

할 일을 찾아서 바쁘게 지내라! 당신의 피는 순환하고 정신은 활기를 되찾을 것이며 삶에 대한 긍정적 에너지가 빠르게 차올라 마음속의 걱정을 모두 몰아낼 것이다.

걱정하는 습관을 없애는 방법 1

바쁘게 움직여라! 걱정이 있는 사람이 일에 몰두하지 않으면 절망에 빠져 피폐해진다.

2. 딱정벌레한테 넘어가지 마라

🚶 뉴저지 주 메이플우드에 사는 로버트 무어에게서 굉장히 극적인 경험담을 들었다.

1945년 3월, 나는 내 일생에서 가장 큰 교훈을 얻었다. 그것은 인도네시아의 앞바다 수심 80미터에서의 일이었다. 나는 잠수함 바야 호에 타고 있던 88명 가운데 한 사람이었다.

레이더에 일본군 호위 선단이 이쪽으로 오고 있는 것이 포착되었다. 동이 트기 시작했기 때문에 우리는 수중 공격태세를 갖추었다. 잠망경으로 일본의 구축함, 유조선, 기뢰 부설함 등을 확인하고 우리는 구축함을 향해 어뢰 3발을 쏘았지만 빗나갔다. 어뢰 장치에 고장이 난 것 같았다.

갑자기 맨 끝에서 오던 기뢰 부설함이 방향을 바꾸더니 곧바로 우리가 있는 쪽으로 다가오기 시작했다. 일본군 비행기가 수심 18미터에 있던 우리 잠수함을 발견하고 무선으로 알려 준 것 같았다. 우리는 위치를 들키지 않도록 수심 45미터까지 내려가서 해치를 완전히 잠그고, 환풍기, 냉각기 등 모든 전동 장치를 껐다. 하지만 3분쯤 뒤에 지옥 같은 일이 벌어지고 말았다. 우리 잠수함 주위에서 6개의 수중 폭뢰가 터졌고, 우리는 수심 84미터까지 밀려 내려갔다. 일본군의 공격은 그로부터 장장 15시간 동안이나 계속되었다.

침대에 누워서 조용히 대기하라는 명령이 내려졌다. 나는 무서워서 숨이 막힐 지경이었다. 이렇게 죽는 건가? 이게 마지막인가? 환풍기며 냉방 장치를 모두 꺼둔 상태였기 때문에 잠수함 내의 온도가 무척 높은 편이었는데도 나는 털옷에 가죽 재킷까지 껴입고도 부들부들 몸이 떨렸다. 탁탁 이 부딪치는 소리가 들렸고 식은땀이 흘렀다.

지나온 삶이 눈앞에 펼쳐졌다. 내가 저질렀던 온갖 나쁜 짓들, 공연히 속을 태웠던 사소한 걱정거리들이 떠올랐다. 해군에 입대하기 전에 나는 은행에서 일했는데 근무시간은 길고 급료는 박한 데다가 승진 기회도 별로 없었기 때문에 불만이 많았다. 집 마련할 일도 까마득하고 새 차를 장만하거나 아내에게 좋은 옷 한 벌 사줄 수 없는 것도 늘 걱정이었다.

나만 보면 잔소리를 늘어놓는 늙은 너구리같은 계장은 또 얼마나 끔찍했던가! 그러다가 밤늦게 언짢은 기분으로 집에 돌아오면 별것도 아닌 일로 아내와 다투곤 했었지.

몇 해 전까지만 해도 이런 것들이 나에게는 정말 큰 걱정거리였지만 폭탄이 터지는 한가운데에서 죽음의 문턱에 다다르니 그런 것들은 너무나 하찮고 어리석은 것이었다. 나는 내가 죽지 않고 살아난다면 다시는 걱정 따위는 하지 않겠다고 결심했다.

15시간 동안이나 계속되던 적의 공격이 갑자기 딱 멎었다. 일본군이 갖고 있던 폭뢰를 모조리 써버린 게 틀림없었다. 드디어 그야말로 15시간이 마치 1,500년은 되는 것 같던 공포의 시간이 지나간 것이다.

우리는 인생의 커다란 재난에는 용감하게 맞서지만, 작고 하찮은 일에는 곧잘 넘어진다. 부부들도 사소한 일로 격렬하게 다투다가 결혼 생활을 세상에서 가장 고달픈 일로 만들지 않던가!

4만 건 이상의 이혼 사건을 중재해 온 시카고 법원의 조지프 새바스 판사는 이렇게 단언했다.

"불행한 결혼 생활은 아주 사소한 말다툼에서 시작된다."

뉴욕의 지방 검사 프랭크 S. 호건도 이렇게 말했다.

"형사 재판에서 다루는 사건의 절반 이상은 사소한 이유 때문이다. 술집에서 부린 공연한 허세, 말다툼, 모욕적인 말투, 욕설, 폄하하는 어휘의 사용, 버릇없는 행동, 이런 사소한 일이 폭행과 살인으로 이어지는 것이다. 처음부터 잔혹하고 중대한 죄를 저지를 작정이었던 게 아니라, 자존심을 다치게 했다든지, 멸시를 받았다는 따위의 사소한 일들이 형사 사건 절반의 원인인 것이다."

엘리너 루스벨트는 결혼 초에 새로운 요리사가 만든 음식이 입에 맞지 않아 몹시 걱정했다. 하지만 지금은 어깨를 한 번 으쓱할 뿐 그다지 신경 쓰지 않는다고 한다. 그래야 감정적으로 어른다운 행동이니까. 포악하기로 유명한 캐더린 대제조차 요리사가 요리에 실패했을 때 껄껄 웃어버리고 말았다고 한다.

우리 부부가 시카고에 있는 친구 집 만찬에 초대되어 갔을 때의 일이다. 내 친구가 고기를 자르다가 실수를 했다. 나는 못 본 척 잠자코 있었는데 그의 아내가 대뜸 이렇게 쏘아붙이는 것이었다.

"여보, 그런 것도 제대로 못해요! 대체 언제나 배울 거예요?"

그러고는 우리에게 사과했다.

"저이는 늘 실수투성이랍니다. 도무지 조심을 안 한다니까요."

그건 그럴지도 모르지만, 그런 부인과 20년 이상을 함께 살아온 내 친구에게 경의를 표하지 않을 수 없었다. 솔직히 잔소리를 늘어놓는 여자와 최고급 요리를 먹느니 평화로운 분위기에서 핫도그를 먹는 편히 훨씬 기분 좋으니까.

'법률은 사소한 일에 관여하지 않는다'라는 유명한 법률 격언이 있다. 걱정하는 사람도 이래야 한다. 누구든 하찮은 일에 얽매이지 않으려면 그 마음 속에 새롭고도 유쾌한 인생관을 마련해야 할 것이다. 마음의 평화를 얻고 싶다면 당장 걱정을 멈춰라!

디즈레일리는 이렇게 말했다.

"사소한 것까지 신경 쓰기에 삶은 너무 짧다!"

또 앙드레 모루아는《디스 위크》지에서 이렇게 말했다.

사소한 것까지 신경 쓰기에 삶은 너무 짧다는 디즈레일리의 말은 내가 고통스러운 시간들을 헤쳐 나가는 데 많은 도움이 되었다. 그냥 가볍게 받아넘기고 잊어버려도 좋을 하찮은 일로 우리는 얼마나 자주 화를 내고 걱정하는가?

우리가 이 땅 위에 머무는 것은 겨우 몇 십 년에 지나지 않는다. 그런데도 우리는 며칠만 지나면 모든 사람의 기억에서 잊히고 말 사소한 걱정거리에 대해 불평하면서 귀중한 시간을 허비하고 있다.

그래서는 안 된다. 우리는 가치 있는 행동과 감정, 위대한 사상과 진실한 사랑 같은 중요한 일에 전념해야 한다. 삶은 사소한 일로 낭비하기엔 너무나도 짧기 때문이다.

러디어드 키플링 같은 걸출한 인물마저도 때로는 '사소한 것까지 신경 쓰기에 삶은 너무 짧다'는 것을 잊었다. 그 결과 키플링은 그의 처남과 버몬트주 역사상 가장 유명한 소송을 하게 된다. 이 소송은 너무나 유명해져서 나중에《러디어드 키플링의 버몬트 혈투》라는 제목으로 출간되었다.

키플링은 버몬트의 처녀 캐롤라인 발레스티어와 결혼하여 버몬트의 브래틀버로에 훌륭한 저택을 짓고 여생을 그곳에서 보낼 생각이었다. 그의 처남 비티 발레스티어와 키플링은 둘도 없는 친구가 되어 일도 취미도 함께 즐겼다. 키플링은 처남 비티에게서 얼마간의 땅을 샀다. 철마다 그 땅에서 건초용 풀을 처남이 베어

간다는 조건이 붙어 있었는데 어느 날 키플링은 이 땅을 꽃밭으로 만들었다. 이것을 본 비티는 화가 나서 길길이 날뛰었다. 그러자 키플링도 덩달아 같이 화를 내며 조금도 양보하지 않았다. 버몬트의 그린 마운틴 위로 험악한 공기가 흘렀다.

며칠 뒤, 키플링은 자전거를 타고 가다가 갑자기 그의 처남이 여러 마리의 말이 끄는 짐마차를 몰고 나와 앞길을 가로지르는 바람에 자전거에서 굴러 떨어졌다. 그는 분노에 치를 떨며 처남을 고소했다. '당신 주위의 모든 사람들이 자제심을 잃고 당신에게 비난을 퍼부을지라도, 당신만은 정신을 똑바로 차리고 자제심을 지켜라' 라고 말했던 키플링이 말이다!

이 떠들썩한 재판을 취재하기 위해 대도시에서 기자들이 몰려들었고, 이 소식은 눈 깜짝할 사이에 온 세상으로 퍼져 나갔다. 하지만 사건은 조금도 해결되지 않았다. 그리고 이 싸움 때문에 키플링 부부는 여생을 브래틀버로에서 보내려던 계획을 포기해야 했다. 이 모든 걱정과 분노, 결별과 괴로움이 고작 사소한 건초 더미 때문이었다!

페리클레스는 벌써 24세기 전에 이런 말을 했다.

"우리는 사소한 일로 너무 오래 괴로워한다."

정말 그렇다! 해리 에머슨 포스딕 박사가 말해준 숲속 거인의 힘겨운 싸움 얘기를 들어보면 더 분명하게 알 수 있을 것이다.

콜로라도주 롱스피크의 산비탈에는 어마어마하게 큰 나무의 잔해가 있다. 식물학자들 말로는 4백 년 가까이 된 나무라고 한다.

일찍이 콜럼버스가 산살바도르에 도착했을 때 묘목이었던 그 나무는 순례자들이 플리머스에 정착할 때쯤에는 반 정도 자라 있었다. 오랜 세월 동안 번개를 14번이나 맞았고, 눈사태와 폭풍우는 셀 수 없이 겪었지만 모두 이겨내고 살아남았다.

그런 나무가 딱정벌레 떼한테는 건디지 못했다. 벌레들은 나무 껍질을 타고 올라가 나무를 갉아먹기 시작했고, 그 조그만 벌레들의 끊임없는 공격에 나무는 속에서부터 썩어 들어갔다. 숲의 거인, 오랜 세월에도 시들지 않고, 천둥, 번개에도 굽히지 않고, 폭풍에도 굴하지 않았던 거목이, 사람이 엄지와 검지만으로도 눌러 죽일 수 있는 작은 딱정벌레 때문에 쓰러진 것이다.

우리 인간도 이 숲의 거인과 비슷하지 않을까? 이따금 몰아치는 사나운 폭풍과 눈사태, 천둥, 번개의 공격에는 어떻게든 건디고 이겨내면서도, 손끝으로 짓눌러 버릴 수 있을 만큼 작은 벌레, 사소한 걱정이라는 작은 벌레가 정신을 갉아 먹는 것은 그대로 내버려 두고 있으니 말이다.

4~5년 전에 와이오밍의 도로 관리관 차알즈 사이프렛의 친구들과 티톤 국립공원으로 여행을 간 적이 있다. 우리는 공원 안에 있는 존 D.록펠러의 소유지를 둘러보기로 했다. 그런데 내 차가 길을 잘못 들어서, 다른 차들보다 1시간이나 늦게 도착했다. 문의 열쇠를 맡아 가지고 있던 사이프렛은 1시간이나 극성스럽기 짝이 없는 숲속 모기들 속에서 우리를 기다려주었다. 버드나무 가지를 꺾어 피리를 만들면서 말이다.

우리가 도착했을 때 그는 모기에 대한 말은 입 밖에도 내지 않고 유쾌하게 피리를 불고 있었다.

나는 사소한 일에 마음을 쓰지 않는 훌륭한 사람의 기념품으로, 그 피리를 받아 지금껏 소중하게 간직하고 있다.

걱정하는 습관이 당신을 삼켜버리고 무너뜨리기 전에 걱정하는 습관을 버려라.

걱정하는 습관을 없애는 방법 2

무시하고 잊어버려도 될 사소한 일로 화내지 마라.
'사소한 것까지 신경 쓰기에 삶은 너무 짧다'는 것을 잊지 마라.

3. 걱정을 이기는 평균율 법칙

어렸을 때, 어머니가 버찌 씨 빼는 것을 돕다가 나는 갑자기 울음을 터뜨렸다.

"데일, 왜 우니?" 어머니가 물었다.

"산 채로 땅에 묻힐까 봐 무서워요."

그 무렵 나는 정말 걱정이 많았다. 번개가 치면 벼락을 맞지나 않을까, 어머니가 돈 걱정을 하면 당장 굶게 되지나 않을까, 죽으면 지옥으로 떨어질 게 무서웠고, 샘 화이트가 정말로 내 커다란 귀를 잘라 버릴까 봐 두려웠다. 여자아이들 앞에서 모자를 벗고 인사하면 비웃지 않을까, 나와 결혼해 줄 여자가 있을까, 시골 구석 어느 교회에서 결혼식을 하고 농장으로 돌아올 때 꽃단장을 한 사륜마차 안에서 신부에게 무슨 말을 해야 좋을까, 나는 늘 이런 중대한 문제를 걱정하느라 골머리를 앓았다.

시간이 흐르면서 나는 내가 여태껏 걱정해 온 문제의 99퍼센트는 끝내 일어나지 않을 일이라는 것을 깨달았다.

어렸을 때 벼락을 그토록 무서워했지만 지금은 벼락에 맞을 확률이 35만 분의 1 정도라는 것을 알고 있다. 더구나 생매장될지도 모른다는 걱정은 정말 터무니없는 것이었다. 하지만 아이들만 이렇게 어리석은 걱정을 하는 것은 아니다. 대다수의 어른들도 터무니없는 걱정을 한다. 실제로 걱정할 만한 일이라도 평균율 규칙을 기억한다면 걱정의 대부분은 당장 사라질 것이다.

나는 이 책의 상당 부분을 캐나다 로키 산맥의 보오 호수 근처에 있는 제임스 심슨의 넘티가 로지라는 곳에서 썼는데, 한여름을 그곳에서 지내는 동안 샌프란시스코에서 온 허버트 H. 샐린저 부부를 만났다. 샐린저 부인은 차분하고 조용해서 걱정과는 거리가 먼 사람처럼 보였다. 어느 날 밤 난롯가에서 앉아서 이야기를 나누다가 나는 그녀에게 지금까지 뭘 걱정해 본 적이 있느냐고 물었다.

걱정해 본 적이 있냐고요? 걱정 때문에 일생을 망칠 뻔했던 사람이랍니다. 걱정을 극복하는 법을 배우기 전까지 자그마치 11년 동안이나 스스로 만든 지옥에서 살았어요. 나는 잔걱정이 많고 성질이 급해서 늘 안절부절못했지요. 나는 매주 샌머테이오에서 샌프란시스코까지 버스를 타고 장을 보러 다녔는데, 물건을 사러 다니면서도 여러 가지 집안일들이 걱정스러워서 조바심을 냈죠.

다리미 코드를 뽑았던가? 집에 불이라도 나면 어떡하지? 가정부가 아이들만 내버려 두고 나가지나 않았을까? 아이들이 밖에서 자전거를 타고 놀다가 다치면 어떡하지? 걱정은 꼬리에 꼬리를 물었고 결국 장을 보다 말고 얼른 집으로 돌아오곤 했어요. 그러니 내 첫 번째 결혼이 불행하게 끝난 것도 이상할 게 없었죠.

내 두 번째 남편은 변호사인데, 도무지 걱정이라곤 없는 사람이에요. 조용하고 분석적인 성격이죠. 내가 걱정하기 시작하면 이렇게 말한답니다.

"진정해요. 당신이 걱정하는 일이 실제로 일어날지 평균율 규칙으로 따져봅시다."

뉴멕시코의 앨버커키에서 칼스배드 국립공원으로 가는 길에 폭우를 만났을 땐 정말 죽는 줄 알았어요. 비바람에 차는 계속 흔들리고 미끄러졌어요. 게다가 비포장도로였거든요. 제가 당황해서 안절부절못하고 조바심을 치자 남편이 이러는 거예요.

"천천히 운전하고 있으니까 설령 차가 미끄러진다 해도 평균율 규칙에 의하면 우리는 다치지 않을 거예요."

남편이 너무 침착하니까 저도 점점 마음이 놓이더라고요.

어느 여름에는 캐나다 록키 산맥의 투캥 계곡으로 캠핑을 갔었는데, 해발 2,100미터 지점에서 야영할 때 엄청난 폭우가 쏟아졌어요. 비바람이 어찌나 심하게 몰아치는지 텐트가 당장 날아갈 것 같았죠. 밧줄로 튼튼하게 나무 등치에 묶어 놓았지만, 바깥쪽 텐트가 세찬 비바람 속에서 계속 비명을 질러댔거든요.

내가 무서워서 부들부들 떠니까 남편이 침착하게 말하더군요.

"여보, 우린 지금 브루스터스사 가이드와 함께 여행하고 있어요. 그들은 60년 동안이나 여기서 텐트를 쳤어요. 이럴 때 어떻게 해야 하는지 그들이 잘 알아서 할 거예요. 지난 60년 동안 아무 일 없었다면 평균율 규칙에 비추어 오늘 밤에도 괜찮을 거예요. 혹시 텐트가 날아가면 또 어때요? 옆에 있는 다른 텐트로 옮기면 되잖아요. 그러니 아무 걱정 말아요."

그 말을 듣자 마음이 가라앉았어요. 그래서 비바람 속에서도 안심하고 푹 잘 수 있었답니다.

평균율 규칙에 의하면 그런 일은 일어나지 않을 것이다.

이 한 문장이 내 걱정의 90퍼센트를 없애 주었습니다. 덕분에 지난 20년 동안 나는 평화롭게 살 수 있었어요.

미국 역사상 가장 위대한 인디언 파이터였던 조지 크루크 장군은《자서전》에 이렇게 썼다.

온갖 걱정과 불행은 대개 그들의 상상에서 생기는 것이지, 현실에 의한 것은 아니다.

지난날을 돌아보면 나의 걱정 대부분도 이런 것이었다.

앨 스미스가 뉴욕 주지사로 있을 때 그는 정치적 공격에 대해 언제나 이렇게 대응했다.

"타당한 근거가 있는지 검토해 봅시다."

그러고 나서 그는 타당한 근거가 있는 사실을 제시했다.

당신이 혹시 앞으로 일어날지도 모르는 일에 대해 걱정하고 있다면 현명한 앨 스미스의 조언을 따라 당신을 괴롭히는 불안에 타당한 근거가 있는지 먼저 검토하기 바란다.

미합중국 해군은 장병들의 사기를 북돋우기 위해 평균율 규칙 통계를 이용했다. 다음은 해군에 복무했던 클라이드 W. 마스가 고옥탄 유조선에 배치되었을 당시의 일을 들려준 것이다.

고옥탄 유조선 근무를 명령받았을 때 우리는 모두 두려움으로 바짝 얼어붙었습니다. 만약 고옥탄 가솔린을 실은 유조선이 어뢰 공격을 받으면 곧바로 배가 폭발해 승무원들은 모두 가루가 되어 날아가 버릴 거라고 믿었기 때문입니다. 하지만 미 해군의 의견은 달랐습니다. 그들은 병사들에게 정확한 통계수치를 보여주었습니다.

어뢰를 맞은 100척 중 60척은 침몰하지 않았고, 침몰한 40척 중에서도 35척은 10분 이상 물에 떠 있었으며, 10분 이내에 침몰한 것은 겨우 5척에 불과했습니다. 이것은 어뢰에 맞아도 배에서 탈출할 시간은 충분하고 사상자는 극소수가 될 것이라는 의미였습니다.

이 사실이 해군들의 사기를 높이는 데 도움이 되었느냐고요? 물론입니다. 이 평균율 규칙을 알게 되자 우리의 공포는 깨끗이 사라졌습니다. 우리에게 탈출할 기회가 있다는 것과 평균율 규칙에 의하면 죽을 가능성이 거의 없다는 것을 알게 되었으니까요.

걱정하는 습관을 없애는 방법 3

타당한 근거가 있는지 검토하라.

그리고 스스로에게 물어보자.

"평균율 규칙에 비추어 지금 걱정하는 일이 실제로 일어날 가능성은 얼마나 될까?"

4. 피할 수 없다면 받아들여라

어렸을 때 버려진 통나무집 다락방에서 친구들과 놀다가 창문턱에 손을 짚고 아래층으로 뛰어내렸는데 왼손 집게손가락에 끼고 있던 반지가 못에 걸리는 바람에 손가락이 잘렸다. 나는 비명을 질렀다. 너무 무서웠고 아파서 죽을 것만 같았다. 하지만 손가락을 치료한 다음부터 나는 내 손가락에 대해 더 이상 신경 쓰지 않았다. 이 사실을 받아들였던 것이다. 지금 내 왼손에는 손가락이 4개밖에 없다는 사실을 거의 잊고 지낸다.

몇 년 전에 뉴욕 시내에 있는 어느 빌딩 화물 엘리베이터에서 왼손이 잘린 남자를 보았다. 나는 그에게 손이 없다는 사실이 괴롭지 않느냐고 물었다. 그는 이렇게 대답했다.

"아니 뭐, 그런 건 생각해 본 적도 없어요. 바늘에 실을 꿸 때 아 참, 왼손이 없었지 하고 느끼는 정도죠."

인간이란 얼마나 빨리 적응하고 쉽게 잊는지 놀라울 뿐이다. 네덜란드 암스테르담에 있는 16세기 대성당 유적에는 플랑드르 말로 이렇게 적힌 비석이 서 있다.

이것이 진실이다.
진실은 결코 달라지지 않는다.

살아가는 동안 우리는 피할 수 없는 여러 가지 불쾌한 현실을 만나게 된다. 그것은 결코 달라지지 않는다. 하지만 적어도 우리는 선택할 수 있다. 현실을 받아들이고 적응할 수도 있고, 현실을 부정하고 반항하다가 신경쇠약에 걸릴 수도 있다. 윌리엄 제임스는 이렇게 충고했다.

"현실을 기꺼이 받아들여라. 이미 일어난 일을 받아들이는 것이 불행을 극복하는 첫걸음이다."

오리건주 포틀랜드에 사는 엘리자베스 콘리는 무척 고통스러운 경험을 통해 이 사실을 깨달았다.

미국이 북아프리카에서의 승리를 축하하던 그날, 저는 국방부에서 조카가 행방불명 되었다는 전보를 받았습니다. 그리고 며칠 뒤에 다시 조카가 전사했다는 전보를 받았습니다. 조카는 저에게 아들 같은 존재였어요. 지금까지 저는 정말 정성껏 조카를 키우면서 살았거든요.

온 세상이 무너지는 것 같았습니다. 더 이상 살아갈 이유가 없었어요. 일도 손에 잡히지 않았고 친구들도 만나지 않았어요. 고통스러웠고 화가 났어요. 왜 하필 내 조카야? 왜 그렇게 훌륭한 청년이 죽어야 해? 저는 조카의 죽음을 도저히 받아들일 수가 없었습니다. 감당할 수 없는 슬픔이 저를 삼켜버렸어요. 저는 이제 모든 것을 끝내기로 마음먹고 주변을 정리하기 시작했습니다. 책상을 정리하다가 서랍 속에서 편지 한 통을 발견했습니다. 몇 년 전에 어머니가 돌아가셨을 때 조카가 저를 위로하려고 써준 편지였어요. 그 속에 이런 말이 적혀 있었습니다.

물론 저도 할머니가 보고 싶을 거예요. 아마 이모는 훨씬 더 그러시겠죠. 하지만 이모는 슬픔을 이겨내실 거라고 믿어요. 이모는 강한 사람이니까요. 저에게 가르쳐 주신 거 이모도 잊지 않으셨겠죠?
"어디에 있든, 아무리 어려운 상황에 처하더라도 언제나 미소를 잃지 말고, 무슨 일을 당하든 남자답게 그것을 의연하게 받아들여라."
어디에 있든 우리가 아무리 멀리 떨어져 있어도 저는 언제나 이 말을 기억할 거예요. 이모도 그렇게 하실 거라고 믿어요.

저는 편지를 읽고 또 읽었어요. 조카의 웃는 얼굴이 떠올랐어요. 조카의 씩씩한 목소리가 생생하게 들렸어요.

"현실을 받아들여요! 활짝 웃으면서 힘차게 살아요!"

저는 다시 일터로 돌아갔어요. 슬퍼하는 것도, 원망하는 것도, 화내는 것도 그만두기로 했어요. 조카가 죽었다는 사실을 받아들이기로 한 거죠. '이미 일어난 일은 절대로 바꿀 수 없어. 나는 이겨낼 거야. 조카도 그러길 바랄 거야' 하면서요.

저는 열심히 일했어요. 누군가의 아들인 군인들에게 위문편지를 보내고, 저녁 시간에 진행하는 성인 강좌에도 등록하여 새로운 지식을 배웠고, 새로운 친구도 사귀었습니다.

그러자 정말 믿을 수 없는 변화가 일어났어요. 더 이상 지난 일로 슬퍼하지 않게 된 거예요. 제 삶에 평화가 찾아온 거죠. 저는 지금 하루하루를 즐겁게 살아가고 있습니다. 제 운명을 받아들인 것만으로 삶이 더욱 풍성해지고 행복해진 거예요.

피할 수 없는 상황이라면 받아들이고 순응해야 한다.

이것이 진실이다.
진실은 결코 달라지지 않는다.

물론 쉽게 배울 수 있는 교훈은 아니지만 누구도 피해갈 수 없는 교훈이기도 하다. 조지 5세는 버킹검 궁전 서재 벽에 이런 말을 걸어 두었다.

불가능한 일이 무엇인지,
되돌릴 수 없는 일이 무엇인지 생각하라.

쇼펜하우어는 이렇게 말했다.
"삶을 위한 준비로 가장 중요한 것은 받아들이는 것이다."
확실히 환경이나 상황만으로 우리가 행복해지거나 불행해지는 것은 아니다. 중요한 것은 우리가 어떻게 반응하느냐 하는 것이다. 예수는 천국은 너희 안에 있다고 말했다. 그렇다면 지옥도 우리 안에 있다는 뜻이다. 우리는 우리가 생각하는 것보다 훨씬 강인하다. 불가능하다고 생각되는 재난과 비극을 견디고 극복할 수 있는 강인함을 우리 내부에 이미 가지고 있다.

옛날에 나는 12년이나 소 떼를 치며 살았다. 하지만 초원에 비가 안 온다고, 진눈깨비가 내린다고, 춥다고, 햇볕에 풀이 다 타버렸다고 소가 화를 내는 것을 본 적이 없다. 동물들은 밤, 폭풍, 굶주림에 태연히 맞서고 있는 것이다. 동물들은 신경쇠약이나 위궤양에 걸리는 법이 없고 미치지도 않는다.

그렇다고 우리에게 닥친 모든 재난과 역경에 무조건 머리를 숙이고 순응하라는 건 아니다. 물론 절대로 아니다! 그것은 고작 나약한 체념일 뿐이고 단순한 운명론에 불과하다. 상황을 바꿀 수 있다면 우리는 있는 힘을 다해서 끝까지 운명과 싸워야 한다. 다만 상식적으로 사람의 힘으로는 어쩔 수 없는 일이고, 결코 달라질 수 없는 일이라면 깨끗이 단념하고 상황을 받아들여야 한다.

컬럼비아 대학의 딘 호크스 학장은《마더 구스》라는 동요의 일부를 좌우명으로 삼았다고 한다.

하늘 아래 모든 병에는
약이 있는 것도 있고 없는 것도 있지.
있다면 열심히 찾아.
없다면 그냥 잊어버려.

이 책을 쓰는 동안 나는 성공한 사업가들을 아주 많이 만났다. 내가 그들 모두에게서 발견한 공통점은 피할 수 없다면 기꺼이 받아들이는 사고방식이었다. 그렇게 걱정에서 자유로워지지 않았다면 그들은 어마어마한 스트레스를 견디기 힘들었을 것이다. 체인점 페니 스토어의 창립자인 J. C. 페니는 이렇게 말했다.

"내가 가진 모든 재산을 잃더라도 나는 걱정하지 않을 것이다. 걱정하는 것으로 해결되는 것은 아무것도 없기 때문이다. 나는 최선을 다할 뿐이고 결과는 신에게 맡긴다."

헨리 포드도 비슷한 말을 했다.

"내가 감당할 수 없는 일은 흘러가는 대로 내버려 둔다."

에픽테토스도 로마에서 똑같은 철학을 가르쳤다.

행복에 이르는 길은 단 하나밖에 없다.
우리의 힘을 넘어서는 일은 걱정하지 않는 것이다.

신이 내린 배우라고 불리는 사라 베르나르는 피할 수 없는 것을 받아들이는 법을 잘 알고 있었다. 지난 반세기 동안 그녀는 전 세계의 연극 무대에서 가장 사랑받는 여배우였다.

그녀는 71세 때 배를 타고 대서양을 건너다가 폭풍우 치던 날 갑판에서 떨어졌다. 그 사고로 다리의 정맥 혈관에 염증이 생겨서 다리가 오그라들었고 극심한 통증이 그녀를 괴롭혔다.

그녀의 주치의는 다리를 절단해야 한다고 판단했다. 이런 끔찍한 말을 듣게 되는 사람들은 대개 미친 듯이 울부짖으며 히스테리를 일으켰다. 그것은 당연한 일이었다. 하지만 사라는 잠시 그를 물끄러미 바라보다가 조용히 말했다.

"해야만 될 일이라면 해야겠죠."

그것은 피할 수 없는 숙명이었던 것이다.

수술실로 실려 가는 그녀를 바라보면서 울고 있는 아들을 향해 그녀는 밝게 웃으며 쾌활하게 외쳤다.

"조금만 기다려. 금방 돌아올게."

그녀는 수술실에 들어가기 전에 자기가 연기했던 연극의 한 장면을 읊었다. 누군가 그녀에게 그렇게 하면 용기가 나는지 묻자, 그녀는 이렇게 대답했다.

"아니에요. 의사 선생님들과 간호사들을 격려하기 위해서 한 거예요. 그들이 나보다 훨씬 긴장했을 테니까요."

수술에서 회복된 뒤에도 그녀는 다시 7년이나 더 세계 각국을 순회하면서 관객을 매혹시켰다.

엘시 매코믹은 〈리더스 다이제스트〉 칼럼에 이렇게 썼다.

인간은 불가피한 일에 맞서 싸우면서 동시에 새로운 삶을 창조할 수 있을 정도로 충분한 감정과 활력을 갖고 있지 못하다. 그러므로 어느 쪽이든 하나를 선택할 수밖에 없다. 사는 동안 피할 수 없는 눈보라와 폭풍을 유연하게 받아들이거나 아니면 끝내 버티다가 부러지거나 둘 중 하나를 선택해야 한다.

미주리주의 농장에서 그 예를 보았다. 그때 농장에서 나무를 많이 심었는데, 처음에는 나무들이 놀랄 정도로 줄기차게 성장했다. 그런데 진눈깨비 섞인 폭풍이 불어오자, 나무들은 온통 눈 속에 파묻혔고, 눈의 무게에 고분고분 머리 숙이지 않고 감연히 저항하다가 끝내 부러지고 말았다. 그 나무들은 북부 삼림의 지혜를 배우지 못했던 것이다.

캐나다의 상록수림을 수백 마일이나 여행했을 때 한 번도 침엽수나 소나무가 얼음이나 진눈깨비 때문에 쓰러진 것을 보지 못했다. 그 상록수림은 머리를 숙이는 것을, 가지를 늘어뜨리는 것을, 협력하는 방법을 알기 때문이다.

최초의 자동차 타이어는 충격에 저항할 수 있도록 단단하게 만들어졌다. 하지만 아무리 단단하게 만들어도 결국은 늘 갈기갈기 찢어지고 말았다. 그래서 이번에는 충격을 흡수하는 타이어를 만들었다. 그러자 타이어는 오래 써도 찢어지지 않았다.

우리도 인생의 험한 길을 가면서 충격을 흡수하는 방법을 배운다면 마지막 순간까지 행복한 여행을 즐길 수 있게 될 것이다. 만약 우리가 충격을 흡수하지 않고 계속 저항한다면 어떤 일이 일어날까? 버드나무처럼 휘지 않고 참나무처럼 버틴다면 우리는 어떻게 될까? 대답은 간단하다. 우리의 정신은 갈등과 충돌로 가득할 것이고, 끊임없는 걱정과 스트레스 때문에 신경쇠약에 걸리고 말 것이다.

십자가에 못 박힌 예수 외에 역사상 가장 유명한 최후는 소크라테스의 죽음일 것이다. 앞으로 1만 년이 지나도 사람들은 플라톤이 묘사한 그 장면을 읽고 간직할 것이다.

맨발의 늙은 소크라테스를 시기하고 질투하던 아테네의 일부 사람들은 그에게 날조한 혐의를 덮어씌워 사형 판결을 받게 했다. 소크라테스에게 호감을 갖고 있던 간수는 소크라테스에게 독이 든 잔을 건네며 이렇게 말했다.
"어쩔 수 없는 일이라면 덤덤하게 받으세요."
소크라테스는 순순히, 평온하게 죽음을 받아들였다.

"어쩔 수 없는 일이라면 덤덤하게 받으세요."
기원전 399년 전의 이 말은 그 어느 때보다 걱정 많은 오늘날 현대인들에게 절실하게 필요한 말이다. 어쩔 수 없는 일이라면 저항하지 말고 제발 덤덤하게 받아라!

지난 8년 동안 나는 걱정 해결에 관련된 책이나 잡지라면 거의 모두 찾아 읽었다. 모든 책에서 공통으로 조언하는 가장 좋은 걱정 해결법이 무엇인지 알고 싶다면 이 기도문을 욕실 거울 옆에 붙여 두고 매일 아침 세수할 때마다 읽으면서 걱정도 함께 씻어 내기 바란다. 이 기도문은 뉴욕 유니언 신학대학의 라인홀트 니부어 교수가 쓴 것이다.

주여, 나에게 평정을 주소서.
바꿀 수 없는 것을 받아들이게 하시고
바꿀 수 있는 것을 바꿀 용기를 주소서.
그리고 이 둘을 분별할 수 있는 지혜를 주소서

걱정하는 습관을 없애는 방법 4
피할 수 없다면 기꺼이 받아들여라.

---

5. 걱정에 손절매 주문을 걸어라

주식 투자로 돈을 버는 방법을 알고 싶은가? 내가 그 답을 알고 있다면 아마도 내 책은 한 권에 1만 달러라고 해도 팔릴 것이다. 하지만 성공한 주식 중개인들이 사용하는 좋은 방법을 소개할 수는 있다. 이 이야기는 뉴욕에 사무소를 갖고 있는 투자 상담사 찰스 로버츠에게서 들은 것이다.

처음 텍사스에서 주식시장에 투자해 보기 위해서 뉴욕으로 올 때 친구들 돈까지 2만 달러를 들고 왔다. 나는 제법 주식에 대해 잘 알고 있다고 생각했었는데 얼마 못 가서 가진 돈을 몽땅 잃고 말았다. 물론 이따금씩 벌기도 했지만 결국 다 없애고 말았다. 내 돈이야 어쩔 수 없다 해도 친구들 돈까지 다 잃은 것이 큰 걱정이었다. 놀랍게도 친구들은 괜찮다고 아무 걱정하지 말라며 오히려 나를 위로했다.

나의 실수를 되새기는 동안 나는 내가 너무 주먹구구식으로 투자해놓고 그저 운에 맡기거나 남의 말만 믿었다는 것을 깨달았다. H. I. 필립스 말마따나 주식 투자를 귀로 한 셈이었다.

나는 다시 주식시장으로 돌아가기 전에 철저하게 공부를 하겠다고 마음먹었다. 나는 증권계에서 가장 성공적인 투자자로 손꼽히는 버튼 S. 카슬즈를 수소문해서 찾아갔다. 그의 성공이 단지 행운의 결과가 아니라는 것을 잘 알고 있었기 때문에 그에게서 여러 가지를 배울 수 있을 거라고 생각했다.

그는 주식거래를 할 때 가장 중요한 원칙을 말해주었다.

"나는 모든 계약 건마다 손절매 주문을 달아 둔다네. 주당 50달러에 샀다면 45달러로 손절매 주문을 해두는 식이지. 그러면 내가 산 주가 45달러로 떨어지면 자동적으로 팔아버리게 되니까 내 손실은 5달러로 끝나는 거야. 일단 괜찮은 주식을 사서 주가가 오르면 10달러, 25달러, 또는 50달러까지 수익이 나기도 하니까 손실을 제한하기만 한다면, 절반 이상 거래에 실패하더라도 결과적으로 수익이 나게 되는 셈이지."

나는 그때부터 이 원칙을 받아들여 지금까지 계속 쓰고 있다. 덕분에 고객들에게도 이윤을 내주게 되었고, 나 자신도 벌었다.

그 후 나는 손절매 주문을 주식 시장뿐만 아니라 다른 여러 가지 상황에서도 이용할 수 있다는 것을 알았다. 온갖 귀찮은 일이나 불쾌한 사건에도 나는 손절매 주문을 걸기 시작했는데 정말 마법과 같은 효과가 있었던 것이다.

예를 들면, 가끔 점심을 같이 먹는 친구가 있는데, 그 친구는 거의 언제나 약속 시간에 늦었다. 심지어 30분이 지나도록 나타나지 않는 경우도 있었다. 마침내 나는 그에게 손절매 주문을 걸기로 마음먹고 그에게 말했다.

"빌, 이제 난 정확히 10분만 기다릴 거야. 10분 이상 늦게 도착하면 난 이미 가버린 줄 알아."

그 다음부터 그는 약속시간을 제법 잘 지키게 되었고 설령 늦더라도 나는 더 이상 신경 쓰지 않았다. 가버리면 되니까.

아, 이 방법을 나도 좀 일찍 알았더라면 얼마나 좋았을까!

30대 초반에 나는 소설가를 꿈꾸었다. 제2의 프랭크 노리스, 잭 런던, 또는 토머스 하디가 되고 싶었다. 나는 유럽에서 2년이나 지내면서 본격적으로 소설을 썼다. 제1차 세계대전 직후의 대인플레 시대였기 때문에 약간의 달러로 충분히 생활할 수 있었다.

그 2년 동안 나는 일생일대의 역작을 썼다. 제목은《눈보라》였다. 제목은 정말 잘 지은 것 같다. 출판사들의 반응이 다코타 평원을 휘몰아치는 눈보라 못지않게 싸늘했으니까. 내 책의 출판을 맡아주기로 했던 에이전트는 나에게 타고난 문학적 재능도 없고 상상력도 없다면서 내 책은 읽을 만한 가치가 없다고 말했다.

순간 심장이 멎는 것 같았다. 나는 멍하니 그의 사무실을 나왔다. 몽둥이로 머리를 세게 얻어맞았다고 해도 그렇게까지 놀라지는 않았을 것이다. 나는 굳어버린 채 내가 지금 인생의 기로에 서 있으며, 중대한 결정을 해야 한다는 것을 절감했다.

어떡하지? 이제 앞으로 내가 무슨 일을 할 수 있지? 그렇게 멍한 상태가 여러 주일이나 계속되었다.

그 당시에는 걱정에 손절매 주문을 달라는 말을 들어본 적이 없었다. 하지만 지금 와서 생각해 보니 나도 모르게 그렇게 했다는 것을 알겠다. 소설을 쓰느라 고심했던 지난 2년을 귀중한 경험으로 간직하고 다시 출발하기로 한 것이다. 나는 성인 강좌를 만들어 교육사업으로 돌아왔고, 지금 당신이 보는 책을 쓰고 있다.

그때 그런 결심을 한 것이 기쁘냐고? 물론이다! 지금 생각하면 기뻐서 춤이라도 추고 싶을 정도다. 그 이후로 나는 내가 제2의 토머스 하디가 되지 못한 것을 한 번도 아쉬워한 적이 없다.

지금으로부터 100년 전의 어느 날 밤, 부엉이가 월든 호숫가 숲에서 음산하게 울고 있을 때, 헨리 소로는 손수 만든 잉크에 깃털 펜을 적셔가며 일기를 쓰고 있었다.

"어떤 일을 하는데 드는 비용이란 길든 짧든 그 일과 교환해야하는 인생의 양이다."

바꾸어 말하면, 어떤 일에 대해 우리의 인생을 과하게 쏟아 붓는 사람은 어리석다는 말이다. 길버트와 설리번은 그렇게 어리석었다. 그들은 《미카도》, 《군함 피너포어》, 《페이션스》 등 실로 아름다운 희가극을 창조하여 전 세계를 기쁘게 해주었지만 정작 자신들의 감정은 기쁘게 할 수도, 조절할 수도 없었다. 겨우 카펫 한장 값 때문에 그들은 몇 해를 두고 서로 다투며 불쾌한 나날을 보냈던 것이다.

설리번은 그들이 공동으로 산 극장을 단장하기 위해 새 카펫을 주문했다. 그런데 길버트가 그 청구서를 보고 화를 내며 길길이 날뛰었다. 그들은 결국 법정까지 가서 다투었고 죽을 때까지 서로 말을 하지 않았다. 일을 할 때조차 설리번이 작곡하여 길버트에서 우송하면 길버트가 가사를 붙여 다시 설리번에게 우송하는 식이었다. 그런데 한 번은 그들이 인사를 하기 위해 함께 무대에 나서지 않으면 안 될 난처한 경우에 당면했다. 그러자 그들은 스테이지 양쪽에 서서, 저마다 다른 방향으로 머리를 숙여 서로의 얼굴을 외면했다. 두 사람 모두 일찍이 링컨이 했듯이, 분노를 손절매하는 현명함이 없었던 것이다.

남북 전쟁 중에 링컨은 비열한 짓을 일삼는 그의 정적을 비난하는 친구들에게 이렇게 말했다.

"자네들이 나보다 더 개인적인 원한이 심한 것 같군. 내 원한이 작은지도 모르지만, 아무튼 나는 싸우는 데 인생을 낭비할 정도로 시간이 많은 사람은 없다고 생각해. 나에 대한 공격만 멈춘다면 나는 지난일은 잊어버리기로 했다네."

나는 나의 숙모 에디스가 링컨처럼 너그러운 정신을 가져 주었으면 한다. 이 숙모와 프랭크 숙부는 물 사정도 나쁘고 잡초도 많은 농장에 살고 있었다. 게다가 그 농장은 저당까지 잡혀 있었기 때문에 두 분은 동전 한 푼도 아껴 써야 할 형편이었다. 하지만 숙모는 커튼이니 뭐니 자질구레한 것들을 외상으로라도 사들여서 보잘 것 없는 집을 꾸미는 걸 좋아했다.

남의 빚을 겁내는 농부 기질의 숙부는 이것이 걱정스러워서, 아내에게 외상으로 물건을 주지 말라고 몰래 가게주인에게 부탁했다. 이 사실을 알게 되자 숙모는 노발대발했고, 숙모의 노여움은 무려 50년 동안이나 계속되었다.

하지만 숙모는 오랫동안 지녀 온 노여움과 괴로운 추억에 대해 퍽이나 값비싼 대가를 지불해야 했다. 마음의 평화라는 정말 값비싼 대가를 말이다

벤저민 프랭클린은 7살 때 저지른 실수를 70년 동안이나 기억하고 있었다.

7살 때 그는 호루라기를 정말 좋아했다. 호루라기를 너무 갖고 싶었던 꼬마는 장난감 가게로 달려가서 값도 물어 보지 않고 카운터 위에 가지고 간 동전을 몽땅 내놓고 호루라기를 달라고 했다. 그는 70년 후에 그때의 일을 이렇게 썼다.

나는 좋아라 호루라기를 불며 온 집안을 돌아다녔다. 그런데 형과 누나가 호루라기를 너무 비싸게 샀다고 놀리면서 깔깔대는 것이었다. 나는 너무나 분해서 울음을 터뜨리고 말았다. 호루라기로 얻은 기쁨보다 분한 마음이 훨씬 더 컸던 그때 일을 나는 지금도 잊을 수가 없다.

하시만 내가 자라서 세상에 나와 보니 내가 얻은 교훈에 비하면 나는 정말 저렴한 대가를 치른 셈이었다. 실제 호루라기 값보다 너무 많이 지불한 사람들을 수도 없이 만나게 되었던 것이다.

인간이 겪는 불행은 대부분 일의 가치를 잘못 평가해서 호루라기 값을 너무 많이 지불하는 데서 생긴다. 길버트와 설리번도 그들의 호루라기에 대해 지나치게 많은 값을 지불했다. 불후의 명작《전쟁과 평화》,《안나카레리나》를 쓴 대문호 레프 톨스토이도 이 범주에서 벗어나지 못했다.

브리태니커 백과사전에 따르면 레프 톨스토이는 적어도 그의 마지막 20년 동안 세계에서 가장 존경받는 사람이었다고 한다. 그가 죽기 전 1890년에서 1910년까지 무수한 숭배자들이 그의 얼굴이라도 한 번 보려고, 그의 목소리라도 한 번 들으려고, 그의 옷자락이라도 한 번 만져 보려고 톨스토이의 집을 찾았고, 그의 말은 마치 신의 계시라도 되는 것처럼 공책에 기록되었다. 하지만 사생활 면에서 본다면 톨스토이는 7살 때의 프랭클린보다 분별력이 없었다. 아니, 아예 없었다.

톨스토이는 무척 사랑하던 소녀와 결혼했다. 그들은 한동안 너무나 행복해서 언제까지나 그렇게 살게 해달라고 주께 기도했다. 하지만 톨스토이의 아내는 질투심이 강했다. 심지어 자기 딸까지 질투해서 딸의 사진에 총을 쏠 정도였다. 그녀는 아편 병을 입에 물고 마룻바닥을 뒹굴면서 자살하겠다고 울부짖기도 했다. 엄마가 그러는 동안 아이들은 방구석에 움츠리고 앉아 두려움에 몸을 떨어야 했다.

그러면 톨스토이는 어떻게 했을까? 나는 그가 흥분해서 가구를 부수었다면 절대로 비난하지 않았을 것이다. 그럴 만한 이유가 있었으니까. 하지만 그는 그렇게 하지 않았다. 대신 그는 비밀 일기를 썼다. 아내가 그에게 한 짓을 낱낱이 기록한 것이다. 이것이 바로 그의 호루라기였다.

그것을 알게 된 그의 아내는 남편의 일기를 빼앗아 불태워 버렸다. 그리고 《누구의 죄》라는 제목의 소설을 써서 남편을 가정의 악마, 자기는 그 희생자로 만들었다.

무엇 때문에 이 두 사람은 가정을 톨스토이의 말마따나 정신병원으로 만들고 말았을까? 여기에는 확실히 몇 가지 이유가 있었다. 그리고 그 중에서도 가장 중요한 이유는 다른 사람들에게 깊은 인상을 주려는 강한 욕망이었다. 사실 그들은 다음 세대에 속하는 우리들의 비판에 깊은 관심을 두고 있었던 것이다!

우리는 이미 저 세상으로 간 사람의 비행에 대해서까지 비난할 수 있을까? 아니다. 어림도 없는 일이다. 우리는 톨스토이와 그의 아내 둘 중에 누가 옳았는지 생각할 겨를 따위는 없다. 우리 자신이 갖고 있는 문제만으로도 벅차니까.

그런데 이 딱한 두 사람은 얼마나 비싼 대금을 그들의 호루라기에 지불했는가! 그들이 50년 동안이나 지옥 같은 생활을 한 것은 말할 것도 없이 두 사람 모두 스톱!이라고 외칠 만한 양식이 없었기 때문이다. 두 사람 모두 '이런 일에는 손절매 주문을 걸어둡시다. 우리는 하찮은 일로 우리의 생활을 낭비하고 있어요. 이만하면 충분해요'라고 말할 만한 판단력이 없었기 때문이다.

분명히 나는 참다운 마음의 평화 비결은 가치에 대한 올바른 판단력에 달려 있다고 믿는다. 그리고 나는 만일 우리가 세상 모든 일에 어느 정도의 가치가 있는지를 판단하는 각자의 금본위제도를 가질 수만 있다면, 우리가 지닌 걱정의 50퍼센트는 해소할 수 있으리라고 믿는다.

걱정하는 습관을 없애는 방법 5

어떤 일에 깊은 걱정을 느낄 때는 일단 멈춰 서서 다음 세 가지 질문에 대답해 보라.

1. 이 일이 실제로는 얼마나 중대한 일인가?
2. 몇 포인트나 내리면 이 걱정에 대해 손절매 주문을 내고 잊어버릴 수 있을까?
3. 이 호루라기에 대해 정확히 얼마를 지불하면 될까? 혹시 이미 충분히 지불한 건 아닐까?

6. 톱밥을 켜려고 하지 마라

이 글을 쓰면서 창 너머 정원에 있는 공룡의 발자국 화석을 보고 있다. 이탄암과 돌로 된 지층 속에 묻혀 있던 것인데, 예일대 피바디 박물관에서 산 것이다. 박물관장 말로는 1억 8000만 년 전 것이라고 했다. 아무리 어리석은 사람이라도 그 발자국을 바꿔보겠다고 1억 8000만 년 전으로 거슬러 올라가려는 허튼 망상을 하지는 않을 것이다. 그런데 180초 전에 일어난 일을 바꿀 수가 없다고 걱정하는 것은 어떨까? 180초 전이나 1억 8000만 년 전이나 바꿀 수 없기는 마찬가지다. 아니, 단 1초 전의 일조차 바꾸는 것은 불가능하다. 게다가 그것은 누구나 다 아는 일이다. 그런데도 우리는 수시로 이런 행동을 하고 있다. 180초 전에 일어났던 일의 결과를 어떻게든 수정해보려고 온갖 노력을 하고 있는 것이다. 하지만 이미 일어난 일은 절대로 바꿀 수 없다. 절대로!

과거를 건설적인 것으로 만드는 유일한 방법은 과거의 잘못을 세밀하게 분석하여 교훈을 얻은 다음 잊어버리는 것이다.

나는 그 사실을 알고 있었다. 하지만 과연 내가 그것을 실천할 만한 용기와 분별력을 가지고 있었을까? 이 질문에 대답하기 위해 내가 수년 전에 30만 달러나 되는 돈을 날려버린 이야기를 해야겠다. 그 경위는 이렇다. 나는 성인 교육 사업을 대규모로 시작하여 여러 도시에 분교를 설치하고, 광고비와 간접투자비 등에 아낌없이 돈을 썼다. 하지만 나는 강의를 하는 일만으로도 너무나 바빴고, 돈은 벌기만 하면 그냥 저절로 쌓이는 것인 줄만 알았다. 재정 면에서 전혀 경험이 없었던 나는 수입과 지출을 맡아줄 유능한 관리자가 필요하다는 사실조차 알지 못했던 것이다.

그렇게 1년이 지난 뒤에야 나는 정신이 번쩍 들었다. 그동안 막대한 수입이 있었는데도 이익은 한 푼도 없었던 것이다. 이 사실을 알게 되었을 때 내가 취해야 할 길은 두 가지 있었다.

첫째, 흑인 과학자 조지 워싱턴 카버가 평생 모은 4만 달러를 은행 파산으로 잃었을 때 했던 일이었다.

누군가 그에게 은행이 파산한 소식을 들었는지 물었다.

"들었습니다."

그는 간단하게 대답하고 수업을 계속했다. 그것으로 끝! 그는 잃어버린 돈을 마음속에서 완전히 지워버렸다.

둘째, 잘못을 분석하고, 잘못을 통해 교훈을 배워야 했다.

그런데 솔직히 나는 그 어느 쪽도 실행하지 않았다. 나는 걱정과 후회의 소용돌이 속에 휩쓸려 몇 개월 동안이나 망연자실하고 있었다. 불면증에 걸려 체중도 줄었다. 게다가 이 크나큰 잘못에서 교훈을 배우기는커녕 여전히 규모는 좀 더 작았지만 똑같은 잘못을 계속 저지르고 있었다. 이처럼 어리석게 군 일을 그대로 고백하는 것은 무척 부끄러운 일이지만 나는 이 일 덕분에 '20명에게 유익한 것을 가르치는 것보다 가르친 내용대로 실천하는 20명 중의 한 사람이 되는 것이 훨씬 어렵다'는 것을 깨달았다.

앨런 손더스는 조지 워싱턴 고등학교에 다닐 때 평생의 교훈이된 폴 브랜드와인 선생님의 인상적인 수업 이야기를 이렇게 들려주었다.

나는 그때 아직 10대였지만 선천적으로 잔걱정이 많았다. 그래서 조금만 실수를 해도 오래도록 걱정하며 애를 태웠고, 시험 답안을 제출하고 나면 혹시 낙제나 하지 않을까 걱정하느라 잠을 이루지 못했다. 어제 한 일을 다시 생각하면서 그때 이렇게 했더라면 좋았을 걸 하고 후회했으며, 아까 내가 한 말을 되새기면서 그 말이 너무 서툴렀다고 속상해 하는 식이었다.

언젠가 과학 수업 시간에서 있었던 일이다. 우리는 모두 실험실로 이동했다. 폴브랜드와인 선생님은 우유병을 들고 있다가 우리가 모두 자리에 앉자 우리에게 잘 보라고 우유병을 높이 들어보이고는 싱크대에 우유를 쏟아버렸다.

선생님은 우리에게 모두 와서 보라고 말했다. 우리는 무슨 일인가 하고 우르르 몰려나가 싱크대를 들여다보았다. 하얀 우유 흔적만 약간 묻어 있을 뿐 깨끗했다. 선생님이 말했다.

"잘 봐. 너희가 평생 이 수업을 기억하기 바란다. 보다시피 엎질러진 우유는 이미 하수도로 흘러가 버렸다. 아무리 후회해도 한 방울도 되찾을 수 없다. 조금만 조심했더라면 우유를 엎지르지 않았을지도 모르지만 이미 때는 늦었다. 이제 우리가 할 수 있는 것은 깨끗이 잊어 버리고 다음 일로 넘어가는 것뿐이다."

학교에 다닐 때 그렇게도 열심히 공부했던 기하학과 라틴어는 이제 다 잊어버렸지만, 그날의 그 짧은 사건은 아직도 생생하게 내 머릿속에 남아 있다.

우유를 엎지르고 나서 울지 말라고? 겨우 이런 진부한 격언이나 들으려고 이 책을 읽는 줄 아느냐고 비웃는 사람도 있을 것이다. 이 격언이 진부하고 지극히 평범하다는 것은 안다. 아마 수백 번은 들었을 것이다. 하지만 이 진부한 격언이야말로 모든 시대의 슬기를 모은 지혜의 정수라는 것을 나는 알고 있다. 인류의 혹독한 경험에서 우러나온 격언이고 수없이 많은 세대를 거쳐 전해진 격언이다. 역사상 위대한 학자들이 쓴 걱정에 관한 모든 글을 다 읽어도 '다리에 도착하기도 전에 건널 걱정을 하지 마라' 또는 '우유를 엎지르고 나서 울지 마라' 같은 진부한 격언들보다 더 기본적이고도 의미심장한 말은 찾아볼 수는 없을 것이다.

사실 오래된 격언대로만 산다면 우리는 거의 완벽에 가까운 삶을 살 수 있을 것이다. 따라서 이 책의 목적은 당신에게 새로운 것을 가르치려는 것이 아니라, 당신이 이미 알고 있는 사실을 일깨워 당신이 그것을 실생활에 적용하도록 동기를 부여하는 것이다. 실천하지 않고 아는 것만으로는 아무 소용이 없기 때문이다.

나는 〈필라델피아 불리틴〉의 편집장 프레드 풀러 셰드를 무척 존경한다. 그는 묵은 진리를 새롭고 생생한 방식으로 설명할 줄 아는 특별한 재능을 가지고 있다. 예를 들어, 어느 대학 졸업반 학생들을 대상으로 한 강좌에서 그는 학생들에게 이렇게 말했다.

"혹시 나무 톱질해 본 사람 있어요? 손 들어 볼까요?"

아주 많은 학생들이 손을 들었다. 셰드가 다시 물었다.

"그럼 혹시 톱밥을 톱질해 본 사람 있어요?"

학생들은 엉뚱한 질문을 이해할 수 없어서 서로 얼굴만 쳐다보았다.

"당연히 톱밥을 켤 수는 없죠. 그건 이미 톱질된 거니까요. 과거에 대해서도 마찬가집니다, 여러분! 이미 지나가 버린 일을 가지고 마음을 괴롭히는 것은 톱밥을 톱으로 켜려고 하는 것과 똑같은 짓이라는 것을 잊지 마세요!"

야구의 거장 코니 맥이 81세가 되었을 때 나는 그에게 시합에서 진 것 때문에 걱정한 적이 있었는지 물어 보았다.

"물론 아주 많았지. 하지만 오래전에 그런 어리석은 짓을 그만 두었다네. 그래 봐야 전혀 도움이 안 된다는 걸 깨달았거든. 이미 흘러가버린 냇물로 물레방아를 돌릴 수는 없는 법이니까."

맞다! 이미 흘러가버린 냇물로 물레방아를 돌릴 수는 없다. 하지만 얼굴에 주름살을 만들거나 위궤양을 만들 수는 있다. 셰익스피어는 이렇게 말했다.

"현명한 사람은 손실을 한탄하느라 시간을 낭비하지 않는다. 오히려 그들은 힘차게 그 손실을 배제하는 방법을 연구한다."

역사서나 위인전을 읽으면서, 또는 역경에 처한 사람들을 관찰하면서, 나는 그들이 자신에게 닥친 참담한 걱정과 비극을 털어버리고 새로운 행복과 생활로 나아가는 모습에 깊이 감동하고 영감을 받는다.

언젠가 싱싱 교도소를 방문했을 때 그곳의 죄수들이 밖에 있는 일반 사람들처럼 행복해 보인다는 것에 무척 놀라워했더니 루이스 E. 로스 소장은 이렇게 말해주었다.

"범죄자들이 처음에 싱싱교도소에 도착하면 대개 세상을 저주하고 남을 원망하지만, 몇 달이 지나면 자신의 불운한 과거를 떨쳐내고 교도소 생활을 받아들여 되도록 유쾌하게 지내려고 애씁니다."

그전에 정원사였던 어떤 죄수는 교도소 담장 안에서 야채와 꽃을 가꾸면서 이런 노래를 불렀다고 한다.

움직이는 손이 기록하네.
기록은 영장으로 옮겨가네.
너의 신앙으로도 지혜로도
그 손을 다시 불러 반 줄도 지우게 하지 못하고
너의 눈물로도 한 단어조차 지우지 못하네.

그 수감자는 우리보다 더 분별력 있는 사람이었다. 그러니 뭐하러 눈물을 낭비할 것인가? 우리는 누구나 실수를 저지르고 옳지 않은 일을 하기도 한다. 그렇지 않은 사람이 있을까? 나폴레옹조차도 중요한 전투에서 3분의 1은 패배했다. 아마 우리의 승률이 나폴레옹보다 더 나쁘지는 않을 것이다.

어쨌든 한 나라의 모든 병력을 동원한다고 해도 과거의 한 순간도 되돌릴 수 없다는 것을 잊지 말자.

> 걱정하는 습관을 없애는 방법 6
> 톱으로 톱밥을 켜려고 하지 마라.

Part 4

내적 평화를 유지하는
7가지 원칙

1. 운명을 바꾼 한 마디

어느 라디오 프로그램에서 이런 질문을 받았다.

"지금까지 살면서 깨달은 가장 큰 교훈은 무엇인가요?"

대답은 간단했다. 내가 배운 가장 귀중한 교훈은 생각의 중요성이다. 내가 만약 당신의 생각을 읽을 수 있다면 나는 당신을 다 아는 것이다. 우리의 생각이 우리를 결정하기 때문이다. 즉 우리의 정신 자세는 우리의 운명을 결정하는 X-인자다.

이에 대해 랠프 에머슨은 이렇게 말했다.

"그가 하루 종일 생각하고 있는 것, 그것이 바로 그 사람이다."

로마 제국을 통치했던 위대한 철학자 마르쿠스 아우렐리우스는 이 사실을 한마디로 정의했다. 당신의 운명을 결정지을 수도 있는 그 한마디는 바로 이것이다.

우리의 생각이 우리의 삶을 만든다.

그렇다. 우리가 즐거운 생각을 하면 우리는 즐거워지고, 비참한 생각을 하면 비참해진다. 무서운 생각을 하면 무서워지고, 몸이 아프다고 생각하면 아마 병이 날 것이다. 실패를 생각하면 우리는 분명 실패할 것이고, 자기 연민에 빠져 있는 한 사람들은 모두 우리를 피하고 멀리하게 된다.

노먼 빈센트 필은 이렇게 말하고 있다.

"당신은 당신이 생각하는 그런 사람이 아니라, 당신의 생각 자체가 당신이다."

그렇다고 온갖 문제에 대해 낙천적인 태도를 취할 수 있을까? 아니다. 불행하게도 인생은 그렇게 단순하지도 호락호락하지도 않다. 하지만 적어도 긍정적인 자세를 유지할 수는 있다. 직면한 문제에 신경을 쓰지만 걱정하지 않을 수는 있다는 뜻이다.

신경을 쓰지만 걱정하지 않는다고? 그렇다면 신경 쓰는 것과 걱정하는 것은 어떻게 다른가?

신경을 쓴다는 것은 문제점이 무엇인지 알고 침착하게 대응하며 앞으로 나아가는 것을 의미한다. 걱정한다는 것은 아무 진전 없이 그냥 제자리를 빙빙 도는 것을 의미한다.

예를 들면, 뉴욕에서 교통이 혼잡한 거리를 걸어갈 때 다른 사람과 부딪치지 않도록 조심하고 신경을 쓰지만 대신 걱정을 하지는 않는 것과 같다. 심각한 문제에 신경을 쓰면서도 여전히 턱을 치켜든 채 가슴에는 카네이션을 달고 버젓이 걸어갈 수 있는 사람도 있는 것이다. 나는 로웰 토머스가 그렇게 하는 것을 보았다.

제1차 세계대전에 참전했던 엘런비 로렌스에 관한 유명한 기록 영화를 그가 처음 공개했을 때 나는 그 자리에 있었다. 토머스와 그의 조수들은 6군데의 전쟁터에서 전쟁영화를 촬영했는데, T. E. 로렌스와 그가 이끄는 다채로운 아라비아 군의 활약 기록, 그리고 엘런비 군의 성지 탈환 기록은 특히 훌륭한 것이었다.

토머스는 '팔레스타인의 엘런비와 아라비아의 로렌스'라는 제목으로 사진을 함께 보여주는 강연을 열어 런던은 물론 전 세계에 센세이션을 일으켰다. 그의 모험 가득찬 이야기와 영화 상연이 코번트 가든 오페라 극장에서 계속되는 바람에 런던의 오페라 시즌이 6주나 연기될 정도였다. 런던에서 믿기 어려울 정도의 놀라운 성공을 거둔 후, 토머스는 세계 각국 순회 강연을 이어갔다.

그리고 나서 그는 인도와 아프가니스탄의 생활을 기록영화로 만들 준비를 시작했는데 그 2년 동안 그에게는 믿기 어려울 정도로 끊임없이 불행한 일이 일어났고 결국 절대로 불가능할 것 같은 일이 일어났다. 그가 파산한 것이다. 우리는 라이온즈의 코너 하우스 레스토랑에서 싸구려 음식으로 견뎌야 했는데, 스코틀랜드의 유명한 화가 제임스 맥베이가 돈을 빌려주지 않았다면 그나마도 먹지 못했을 것이다. 여기부터가 이 이야기의 핵심이다.

로웰 토머스는 막대한 빚을 지고 심각한 파산 위기에 처해 있었으면서도 신경은 썼지만 걱정은 하지 않았다. 그는 자기가 패배감에 젖어버리면 채권자들에게는 물론이고 일반 세상사람들에게도 쓸모없는 인간으로 보일 것을 알고 있었다.

그래서 그는 아침마다 하루 일을 시작하기 전에 꽃을 한 송이 사서 그것을 가슴에 꽂고 활기찬 걸음으로 옥스퍼드 거리를 활보했다. 그에게 있어 실패는 게임의 일부에 불과했다. 충분히 예상한 일이었고, 그것은 정상을 목표로 삼는 사람에게는 필요한 훈련에 지나지 않았던 것이다.

우리의 정신 자세는 우리의 육체에도 거의 믿을 수 없을 만큼 큰 영향을 미친다. 영국의 유명한 심리학자 J. A. 해드필드는《힘의 심리학》에서 이에 대한 좋은 예를 설명하고 있다.

나는 정신이 물리적인 힘에 작용하는 영향을 알아보기 위해 3명의 남자를 대상으로 3가지 다른 조건에서 악력 측정기로 힘껏 쥐는 실험을 했다. 첫 번째 실험은 일반적인 상황에서 실시했는데 그들의 평균 악력은 46킬로그램이었다. 두 번째 실험은 3명 모두에게 '당신은 힘이 무척 약하다'는 최면을 건 다음에 실시했는데 평균 악력이 평상시의 3분의 1 수준도 안 되는 13킬로그램이었다(그 중 1명은 권투 선수였는데 최면에 걸렸을 때 자기 팔이 마치 어린 아이 팔처럼 느껴졌다고 말했다).

세 번째 실험은 3명 모두에게 '당신은 무척 강하고 평균 64킬로그램의 악력이 나올 것이다'라고 최면을 건 다음에 실시했는데 그들의 평균 악력은 64킬로그램에 달했다. 그들의 마음이 강하다는 적극적이고 긍정적인 관념으로 충만해지자 자신들의 실제 힘보다 거의 50퍼센트나 증가한 힘을 발휘한 것이다.

사고의 힘을 설명하는 믿기 어려운 변화가 내 강좌를 수강하던 프랭크 웨일리에게도 일어났다. 그는 마음을 떠나지 않는 온갖 걱정 때문에 극심한 신경쇠약에 시달리고 있었다.

　나는 온갖 사소한 일까지 걱정했다. 너무 말라서 걱정, 머리카락이 빠져서 걱정, 결혼할 돈을 모을 수 없을까봐 걱정, 좋은 아버지가 될 수 있을지 걱정, 실연을 당할까봐 걱정, 지금 제대로 살고 있는 건지 걱정, 다른 사람들이 나를 어떻게 생각하는지까지 세상 모든 일이 온통 걱정이었고, 혹시 내가 위암에 걸린 건 아닌지도 무척 걱정이었다.
　내 몸 가득 쌓인 불안과 긴장은 마치 안전핀이 없는 보일러처럼 점점 압력이 늘어나서 당장에라도 터질 것처럼 위태위태하더니 결국 폭발하고 말았다. 나는 더 이상 일을 할 수가 없어서 직장도 그만두어야 했다.
　이제껏 신경쇠약증에 걸린 적이 없다면 앞으로도 절대로 걸리지 않게 해달라고 기도하라. 그 어떤 육체적 고통도 걱정에 시달리는 마음의 고통보다 심하지는 않기 때문이다.
　극심한 신경쇠약 때문에 나는 내 생각을 통제할 수 없었다. 아주 작은 소리에도 깜짝깜짝 놀랐고 사람들을 피하게 되었으며 아무 이유 없이 울부짖기도 했다. 하루하루가 고통이었다. 모든 사람에게, 신에게조차 버림받은 기분이었고, 강에 뛰어들어 죽고 싶은 충동에 사로잡혔다.

나는 플로리다로 떠나기로 결심했다. 정말로 미쳐버리거나 죽어버리기 전에 뭐든 해야 했다. 환경이 바뀌면 좀 달라질지도 모른다고 기대하면서 내가 기차에 올라서자 플로리다에 도착하면 읽어보라며 아버지가 편지를 주셨다.

내가 플로리다에 도착한 것은 관광 시즌이 한창일 무렵이었다. 호텔이 모두 만원이었기 때문에 어쩔 수 없이 차고를 개조해 만든 허름한 방을 빌렸다. 플로리다에서 지내는 동안 마이애미에서 출발하는 비정기 화물선에서 일해보려고 일자리를 알아 보았지만 빈 자리가 없었다. 그래서 나는 대부분의 시간을 그곳 해안에서 보내야 했고, 차라리 집에 있을 때보다도 더 비참해진 느낌이 들었다. 나는 그제야 아버지가 준 편지가 생각나서 뜯어보았다.

아들아,
너는 지금 집에서 2,400킬로미터나 떨어져 있지만 집에 있을 때와 크게 달라지지 않았을 거라는 생각이 드는구나. 왜냐하면 너는 네 모든 문제의 원인을 그대로 가진 채 떠났으니까 말이다. 네 모든 문제의 원인은 바로 너 자신이란다. 네 몸과 정신에는 아무 문제가 없어. 어떤 상황이 너를 괴롭히는 것이 아니라, 네가 생각해낸 것들이 너를 해치고 있는 것이지.
사람은 생각하는 대로 된다는 말이 있다. 네가 이 사실을 깨닫게 되면 너의 병도 깨끗이 치유될 거야.
아들아, 그땐 집으로 돌아오기 바란다.

나는 화가 치밀었다. 따뜻한 위로와 격려는커녕 훈계뿐이었기 때문이다. 나는 두 번 다시 집에 돌아가지 않겠다고 결심했다.

그날 밤, 나는 마이애미의 골목길을 헤매고 돌아다니다가 예배 중인 어느 교회 앞에 이르렀다. 갈 곳이 따로 있는 것도 아니었으므로 나는 별 생각 없이 교회 안으로 들어갔다. 마침 '자신의 마음을 정복한 사람은 도시를 정복한 사람보다 강하다'는 성경 구절에 대한 설교가 이어지고 있었다. 신성한 하나님의 집에 앉아 아버지가 편지에 써주셨던 것과 똑같은 이야기를 듣고 있으려니 내 머릿속에 쌓여 있던 먼지들이 말끔히 씻겨 내리는 것 같았다.

나는 처음으로 또렷하고 분명하게 생각할 수 있게 되었고, 그동안 나 자신이 얼마나 어리석었는지 깨달았다. 지금까지 온 세상과 온 인류를 바꾸지 못해서 안달을 하고 있었던 것이었다. 하지만 정작 바꿔야 하는 건 세상이 아니라 내 마음이었다.

다음날 아침, 나는 짐을 꾸려서 고향으로 돌아갔다. 1주일 뒤에는 다시 그전 일자리로 돌아갔고, 4개월 뒤에는 실연으로 끝날까 전전긍긍하던 여자와 결혼했다. 지금 우리 부부는 5남매를 키우며 행복하게 살고 있다. 물질적으로나 정신적으로나 하나님은 우리를 도와주셨고, 나의 삶은 훨씬 풍요로워지고 우호적으로 변했다. 이제 나는 삶의 참다운 가치를 느끼면서 살고 있으며 진심으로 이러한 삶에 감사하고 있다. 누구는 불안한 생각에 사로잡힐 때는 자신에게 카메라 초점을 다시 맞춰보라고 말하고 싶다. 그러면 모든 것이 괜찮아질 것이다.

지금 와서 돌이켜보면 젊은 시절에 내가 신경쇠약에 걸렸던 것이 오히려 다행이었다는 생각마저 든다. 생각이 우리의 마음과 육체에 얼마나 강한 영향을 미치는지 뚜렷이 알 수 있게 되었기 때문이다. 지금 나는 내 생각이 나 자신에게 불리하게 작용하지 않고 긍정적으로 작용하도록 조절할 수 있다. 나를 괴롭히는 것이 외부 환경이 아니라 내가 생각해 낸 것이라고 했던 아버지의 말씀이 옳다는 것을 깨달은 순간 내 병은 깨끗이 나았던 것이다.

우리 마음의 평화와 기쁨은 우리가 어디에 있는지, 무엇을 가지고 있는지, 우리가 누구인지에 좌우되는 것이 아니라 우리의 정신 자세에 달려 있다. 외부조건은 사실 아무 관계가 없다고 말해도 될 정도로 거의 영향력이 없다.

하퍼스 페리에서 합중국의 병기고를 습격하여, 노예들에게 반란을 교사했다는 죄목으로 교수형을 받은 존 브라운의 경우를 봐도 그렇다. 그는 관 위에 실려 처형대로 보내졌는데, 그의 곁을 따르던 간수는 무서워서 벌벌 떨었지만 오히려 브라운은 담담하게 버지니아의 블루리지의 산들을 바라보면서 감탄했다고 한다.

"얼마나 아름다운 나라냐! 일찍이 내가 천천히 구경할 기회가 없었던 게 유감이구나."

남극을 탐험한 첫 영국인 로버트 스코트와 그 대원들의 귀환 여행은 세상에서 가장 고통스러운 것이었다. 사나운 눈보라가 11일 동안 밤낮으로 맹수처럼 으르렁거리며 극지의 벌판을 휩쓸었고 극빙 꼭대기 부분이 잘려나갔다. 그들은 한 걸음도 앞으로 더 나아갈 수가 없게 되었고 식량도 연료도 바닥이 났다.

스코트와 그 대원들은 자신들이 죽음에 직면해 있다는 사실을 알고 있었다. 그들은 만일에 대비하여 상당량의 아편을 휴대하고 있었다. 그것을 복용하기만 하면 고통을 단번에 끝내고 편안한 꿈길로 들어설 수 있을 것이었다.

하지만 그들은 아편을 쓰지 않았다. 그들은 고통 속에서도 오히려 환호의 노래를 소리쳐 부르면서 죽어 갔다.

이 일은 8개월 후 수색대가 얼어붙은 그들의 품에서 작별 편지를 찾아내면서 알려지게 되었다.

그렇다. 우리가 용기와 평정이라는 창조적인 사고력만 갖고 있다면 굶주림과 혹한 속에서 얼어 죽어가면서도 유쾌한 노래와 환호로 텐트를 가득 채울 수 있는 것이다. 300년 전에 밀턴은 눈이 멀고 나서야 이러한 진리를 깨달았다.

마음은 자신만의 터전이다.
그 안에서 지옥을 천국으로,
천국을 지옥으로 만든다.

나폴레옹과 헬렌 켈러는 밀턴의 이 말을 실증하는 가장 완벽한 예라고 할 수 있다. 나폴레옹은 인간이 열망하는 명예와 권력과 부귀를 모두 가졌지만 유형지 센트 헬레나에서 이렇게 말했다.

"내 일생 동안 행복했던 날은 단 6일도 되지 않는다."

하지만 헬렌 켈러는 이렇게 말했다.

"인생은 참으로 아름답다."

내가 반세기를 살면서 무엇이든 배운 게 있다면 '나 자신 말고는 그 무엇도 나에게 평화를 가져다줄 수 없다'는 것이다. 이것은 랠프 에머슨의《자기신뢰》에 나오는 구절이기도 하다.

정치적 승리, 집값 상승, 건강 회복, 오랫동안 만나지 못했던 친구와의 재회 등의 외부 요소가 정신을 높여주고 행복하게 해줄 것처럼 보인다. 믿지 마라. 그런 일은 절대로 없으니. 나 자신 말고는 그 무엇도 나에게 평화를 가져다줄 수 없다.

위대한 철학자 에픽테토스는 이렇게 경고했다.

"몸속의 종양이나 종기를 제거하는 것보다 마음속에서 나쁜 생각을 몰아내는 일에 더 집중해야 한다."

프랑스의 철학자 몽테뉴는 이렇게 말했다.

"인간은 일어난 일 때문에 상처를 입는다기보다는 일어난 일에 대한 자신의 해석 때문에 상처를 받는다."

일어난 일에 대한 해석은 전적으로 우리에게 달려 있다.

이것은 과연 무슨 뜻인가? 걱정거리 때문에 신경이 바늘 끝처럼 날카로워져서 곧 쓰러질 지경인 당신 앞에서, 당신의 정신 자세를 바꾸기만 하면 모든 것이 해결될 것이라고 단언하고 있는 것일까?

그렇다! 바로 그 말이다! 게다가 나는 그 방법을 당신에게 알려 줄 생각이다. 노력은 해야겠지만 방법은 간단하다.

응용 심리학자 윌리엄 제임스는 이렇게 말했다.

"인간은 감정에 따라 행동하는 것처럼 보이지만 사실 행동과 감정은 동시에 작용하는 것이다. 그러므로 인간의 의지로 직접 통제할 수 있는 행동을 조절하는 것으로 직접 통제가 불가능한 감정을 간접적으로 조절할 수 있다. 예를 들어 우울할 때 기분을 전환하는 가장 좋은 방법은 이미 유쾌한 것처럼 유쾌하게 말하고 행동하는 것이다."

즉, 우리는 단지 결심하는 것만으로는 우리의 감정을 곧바로 바꿀 수 없지만 행동을 조절하는 것은 가능하고, 행동을 바꾸면 감정도 저절로 바뀐다는 뜻이다.

정말 그럴까? 시험해 보자. 활짝 웃으면서 어깨를 펴고 숨을 깊이 들이마시며 노래를 불러 보라. 굉장히 행복한 것처럼 행동하면서 마음이 침체되어 있는 것은 불가능하다는 것을 이제 당신도 알았을 것이다. 제임스 레인 앨런의《생각의 힘》은 내가 오래 전에 읽고 깊은 감명을 받았던 책이다. 그 책에 이런 구절이 있다.

당신이 다른 사람과 사물에 대한 생각을 바꾸면, 다른 사람과 사물도 당신을 다르게 대한다. 갑자기 생각을 바꿔보라. 물리적인 환경이 급속도로 변화하는 것에 깜짝 놀랄 것이다. 인간은 자신이 원하는 것이 아니라 자신과 닮은 것들을 끌어당긴다.

우리의 마지막 모습을 결정하는 신은 우리 내부에 있다. 바로 우리 자신이다. 인간이 이룩하는 모든 것은 그의 생각의 직접적인 결과인 것이다. 인간은 생각을 키워야만 발전하고 극복하고 성취할 수 있다. 그렇지 못하면 약하고 비참한 존재로 머물 수밖에 없는 것이다.

윌리엄 제임스가 한 말을 잊지 말자.

"마음속의 공포를 투지로 바꾸는 것만으로도 걱정 가득한 악을 기운나게 하는 선으로 바꿀 수 있다."

우리의 행복을 위해서 싸우자! 여기 그 계획이 있다. 36년 전에 시빌 F. 파트리지가 쓴 〈오늘만은〉이라는 이 프로그램은 당신을 매일 고무시켜 줄 것이다.

오늘만은

1. 오늘만은 행복하게 지내겠다. '사람들은 행복해지려고 결심한 만큼 행복하다'고 했던 링컨의 말처럼 행복은 내면에서 오는 것이지 외부에서 오는 것이 아니다.

2. 오늘만은 모든 것에 나를 맞추겠다. 모든 일을 내 기대에 맞추려 하지 않고 가족과 일, 행운, 불행을 있는 그대로 받아들여 나를 그것에 맞추겠다.

3. 오늘만은 내 몸을 돌보겠다. 내 몸은 삶을 위한 완벽한 장비니까 운동하고 영양을 섭취하자. 혹사하지 말고 함부로 다루지도 말고 아무렇게나 내버려두지도 말자.

4. 오늘만은 내 마음을 단련하겠다. 시간을 헛되이 보내지 않고 뭐든 유용한 것을 배우겠다.

5. 오늘만은 3가지 방법으로 내 영혼을 단련하겠다. 좋은 일을 하고 티 내지 않을 것, 윌리엄 제임스가 제안한 대로 하기 싫은 일을 적어도 2가지는 할 것.

6. 오늘만은 상냥해지겠다. 어울리는 옷을 입고, 조용히 말하고, 예의바르게 행동하며, 아낌없이 칭찬하겠다. 절대로 남을 비난하거나 훈계하거나 꾸짖지 않겠다.

7. 오늘만은 오늘 하루만 살겠다. 인생의 온갖 문제에 한꺼번에 맞서려고 하지 않겠다. 아무리 힘든 일이라도 딱 하루 동안이라면 견딜 수 있을 테니.

8. 오늘만은 계획을 세워 살겠다. 정확하게 실천하지 못하더라도 계획은 성급함과 망설임이라는 아주 성가신 두 가지를 없애준다.

9. 오늘만은 혼자 조용히 휴식할 시간을 가져 보겠다. 30분 동안 나 자신에게 집중하며 긴장을 풀고, 삶에 대한 좀 더 나은 관점을 갖기 위해 신을 생각하겠다.

10. 오늘만은 두려워하지 않겠다. 특히 행복해지는 일, 아름다움을 즐기는 일, 사랑하는 일, 내가 사랑하는 이들이 나를 사랑하고 있다고 믿는 것을 두려워하지 않겠다.

내적 평화를 유지하는 방법 1

즐겁게 생각하고 즐겁게 행동하라.

그러면 정말로 즐거워질 것이다.

---

2. 보복은 더 큰 고통을 낳는다

여러 해 전 어느 날 밤, 옐로스톤 공원에서 소나무며 가문비나무의 울창한 산림을 바라볼 수 있는 관람석에 관광객들과 함께 앉아 있었다. 우리가 기다리던 숲 속의 공포, 큰 회색 곰이 환한 불빛 아래로 성큼성큼 걸어 나오더니 공원에 딸린 호텔 식당에서 내다버린 음식 찌꺼기를 먹기 시작했다. 산림 관리원인 마틴 데일 소령은 말 위에 앉은 채 회색 곰에 대해 설명하면서 회색 곰은 서구 세계의 그 어떤 동물보다도 강하며, 이것과 맞설 수 있는 상대는 버팔로와 코디액 불곰 정도라고 말했다.

회색 곰 옆에서는 스컹크가 먹이를 먹고 있었다. 회색 곰은 커다란 앞발을 한 번 휘두르기만 해도 스컹크를 죽여버릴 수 있을 텐데 왜 그렇게 하지 않았을까? 그래봐야 이롭지 못하다는 것을 경험으로 알고 있었기 때문이다.

나도 그것을 알고 있었다. 미주리 주의 농장에서 자랄 땐 관목들 사이에 덫을 놓아 네 발 달린 스컹크를 잡은 적이 있었고, 어른이 된 뒤에는 뉴욕 거리에서 가끔 두 발 달린 스컹크와 마주치기도 했는데, 어쨌든 그때마다의 쓰디쓴 경험에 의하면 네 발이건 두 발이건 어떤 스컹크를 건드려도 손해라는 것이다. 사실 우리가 적을 증오하는 것은 적에게 힘을 주는 것이 된다. 그들이 우리의 잠, 식욕, 혈압, 건강, 행복을 좌우하도록 놓아두는 셈이 되기 때문이다. 즉, 우리가 품은 증오는 적에게 상처를 주는 것이 아니라 오히려 우리 자신에게 지옥 같은 크나큰 고통을 주는 것이다.

　　어떤 이기적인 사람이 당신을 이용하려고 하면 무시해버리고 상대하지 않는 것이 상책이다. 똑같이 갚아주려고 하거나 보복을 하려고 하면 상대에게 상처를 주기보다는 오히려 자기 자신에게 더 큰 상처를 입히게 될 것이다.

　　어떤 이상주의자의 글이냐고? 아니다. 이것은 밀워키 경찰청에서 발행한 간행물에 실려 있던 글이다. 보복을 하려고 하면 어떤 상처를 입게 될까? 여러 가지 방식으로 상처를 입게 된다. 〈라이프〉지에는 이런 기사가 실려 있다.

　　고혈압에 시달리는 사람들의 주된 성격적 특징은 원망이다. 지속적인 원망은 만성 고혈압과 심장병을 일으킨다.

예수가 '원수를 사랑하라'고 말씀하신 것은 단순히 올바른 도덕률만 설명한 것이 아니라, 20세기 의학까지도 알려주신 것이다. 예수가 '7번씩 70번이라도 용서하라'고 말씀하신 것은 우리에게 고혈압, 심장병, 위궤양 등의 예방법을 알려주신 것이다.

최근에 내 친구가 심각한 심장마비를 겪었는데, 의사는 그녀를 침대에 눕게 하고는 어떠한 일이 있더라도 절대로 화내지 말라고 경고했다. 의사는 심장이 약한 사람이 노여움으로 발작을 일으키면 죽을 수도 있다는 것을 알고 있는 것이다. 지금 내가 죽을 수도 있다고 했던가? 실제로 수년 전에 워싱턴에 있는 어느 레스토랑 주인은 화를 내다가 죽었다. 워싱턴 주 스포캔의 경찰청장인 제리 스워타웃은 사건 경위를 이렇게 설명했다.

스포캔에서 카페를 운영하던 68세의 윌리엄 폴커버는 카페의 요리사가 커피를 주전자 채로 들고 마시겠다고 고집을 부리는 것에 분개한 나머지 권총을 들고 요리사를 쫓아다니다가 총을 손에 든 채 심장마비로 쓰러져 죽었다.

증오는 우리를 지치게 하고 초조하게 만들며, 겉모습을 망치게 하고 심장병의 원인이 되어 건강을 해치고 결국 수명을 줄인다. 비록 우리가 원수를 사랑까지는 할 수 없다 해도 적어도 우리 자신을 사랑해야 한다. 적이 우리의 행복, 건강, 외모를 좌우하지 못하도록 자신을 사랑해야 한다.

셰익스피어는 이렇게 말했다.

"너의 원수를 위해 적의를 너무 불태우지 마라. 그것이 너를 먼저 불태울 테니."

'성낼 줄 모르는 사람은 바보, 성내지 않는 사람은 현인'이라는 격언이 있다. 이 말은 전에 뉴욕 시장을 지냈던 윌리엄 잭 게이너의 좌우명이기도 하다. 그는 황색신문들의 격렬한 비난을 받기도 했고, 미치광이에게 총을 맞아 목숨을 잃을 뻔하기도 했다. 하지만 병원 침대에 누워 죽음과 맞서 싸우고 있는 상황에서도 그는 이렇게 말했다.

"매일 밤 나는 세상의 모든 일과 사람을 용서합니다."

이 말은 한낱 이상주의에 불과한 것일까? 지나치게 달콤하고 낙관적인가? 그렇다면《염세주의 연구》라는 책을 쓴 독일의 대철학자 쇼펜하우어의 의견은 어떨까? 인생을 헛되고 끝없이 괴로운 모험이라고 말했던 쇼펜하우어조차 이렇게 외쳤다.

"가능하다면 어느 누구에게도 원한을 품지 마라."

윌슨, 하딩, 쿨리지, 후버, 루즈벨트, 트루먼 등의 여섯 대통령에게서 신임받았던 버나드 바루크는 정적의 비난 때문에 동요한 적이 있느냐는 질문에 이렇게 대답했다.

"아니오. 아무도 나에게 굴욕감을 주거나 동요하게 할 수는 없어요. 내가 그렇게 하도록 놔두지 않으니까요."

당신과 나 역시 그렇게 하도록 놔두지 않는다면, 어느 누구도 당신과 나에게 굴욕감을 주거나 동요시킬 수 없다.

몽둥이와 돌로 내 뼈를 부러뜨릴 수는 있지만
말로는 결코 나에게 상처를 줄 수 없다.

  적을 용서하고 그걸 잊는 확실한 방법은 자기 자신과는 비교도
할 수 없을 만큼 대단한 목적을 이루는 데 집중하는 것이다. 그렇
게 하면 다른 사람의 모욕이나 적의는 아무런 문제도 되지 않게
된다. 왜냐하면 우리가 이루려고 하는 위대한 목적에 마음이 집
중되어 있기 때문이다. 예를 들어 1918년 미시시피 주의 어느 전
나무 숲에서 일어날 뻔했던 매우 극적인 사건만 해도 그렇다.

  제1차 세계대전이 한창이던 때였다. 사람들은 모두 감정적으로
무척 긴장되어 있었고 신경이 곤두서 있었다. 미시시피 중부 지
방에 독일군이 흑인들을 선동해 반란을 일으키려 한다는 소문이
퍼졌다. 흑인 목사 로렌스 존스는 반란을 부추긴 죄로 군중들 앞
으로 끌려나와 화형 당할 위기에 처해 있었다. 한 무리의 백인 남
자들이 교회 앞을 지나가다가 로렌스 존스가 신자들에게 이렇게
외치는 것을 들었다는 이유 때문이었다.
  "인생은 투쟁입니다. 우리 흑인들은 살아남기 위해 갑옷을 입
어야 하고, 성공하기 위해 용감하게 싸워야만 합니다."
  '투쟁!' '갑옷!' 이런 말만으로도 충분했다. 흥분한 청년들은 밤
의 어둠을 뚫고 달려가 사람들을 불러 모아 교회로 되돌아와서
목사를 밧줄로 묶고 1.5킬로미터나 떨어진 곳으로 끌고 갔다.

그들은 목사를 장작더미 위에 세워 놓고 교수형과 화형을 동시에 준비했다. 그때 군중 속에서 누군가 큰소리로 외쳤다.

"태워 죽이기 전에 이놈이 무슨 설교를 할지 들어봅시다. 자, 어디 한 번 떠들어 보시지!"

"말해라! 말해라!"

여기저기서 고함이 터져 나왔다. 로렌스 존스는 장작더미 위에 서서 목에 밧줄을 감은 채 자신의 삶과 목적에 대해서 얘기했다.

로렌스 존스는 1907년에 아이오와 대학을 졸업했다. 훌륭한 인품과 학업성적, 뛰어난 음악적 재능 덕분에 그는 학생들과 교수들 사이에 인기가 있었다. 졸업했을 때 그는 그를 키워주겠다는 호텔 경영자의 제안도 거절하고, 그의 음악적 재능을 후원해주겠다는 어느 부호의 제의도 거절했다. 왜냐하면 그에게는 꼭 이루고 싶은 일이 있었기 때문이다.

그는 부커 T. 워싱턴의 전기를 읽고 감명을 받아, 가난에 허덕이고 있는 흑인들을 교육시키는 데 평생을 바치겠다고 결심했던 것이다. 그래서 그는 남부에서도 가장 벽지인 미시시피 주 잭슨이라는 곳에서도 남쪽으로 40킬로미터 떨어진 곳으로 갔다. 그는 시계를 1달러 65센트에 저당 잡히고 숲 속의 빈터에 나무 그루터기를 책상 삼아 학교를 시작했다.

로렌스 존스는 죽음을 눈앞에 두고 자기를 화형시키려고 하는 흥분한 군중에게 그가 배우지 못한 어린 소년 소녀들을 가르쳐

선량한 농부로, 혹은 직공으로, 요리사로, 가정부로 훈련시키기에 얼마나 있는 힘을 다해 노력했는지 이야기했다. 또 그는 파이니 우즈 컨트리 스쿨을 지어 교육을 계속할 수 있도록 땅, 목재, 가축, 현금 등을 기부해 준 수많은 백인들의 공헌에 대해서도 이야기했다.

뒷날 로렌스 존스는 이렇듯 그를 길바닥으로 끌고 다녔을 뿐만 아니라, 매달아 죽이려 했던 사람들을 증오하지 않느냐는 질문을 받았을 때, 자기는 훨씬 위대한 목적을 이루는 데 바쁘기 때문에 누구를 미워할 겨를 따위는 없다고 대답했다.

"나는 남들과 싸우거나 후회할 겨를 따위는 없습니다. 그리고 아무도 내가 그들을 미워할 만큼 나를 비천하게 만들지 못할 겁니다."

폭도들은 로렌스 존스가 자기 자신을 위해서가 아니라, 위대한 목표를 위해 진심으로 호소하는 것을 듣고 차츰 누그러지기 시작했다. 드디어 군중 속에서 남군 병사였던 사람이 이렇게 말했다.

"저 사람 말은 모두 사실인 것 같습니다. 저 사람이 지금 말한 백인들은 모두 내가 아는 사람들이에요. 훌륭한 일을 하고 있는 사람을 우리가 오해한 겁니다. 죽이기는커녕 오히려 도와주어야 합니다."

그리고 나시 이 퇴역군인은 모자를 벗어 사람들에게 돌렸고, 파이니 우즈 컨트리 스쿨의 설립자를 불태워 죽이겠다고 모였던 사람들은 52달러 40센트를 모아 존스에게 기증했다.

에픽테투스는 이미 19세기 전에, 인간은 뿌린 대로 거두게 되어 있으며 운명은 언제나 우리가 저지른 잘못의 대가를 치르게 한다고 지적하면서 이렇게 말했다.

길게 보면 결국 인간은 자신이 지은 죄에 대해 대가를 치르게 되어 있다. 이 사실을 아는 사람은 어느 누구에게도 화내지 않고, 분개하지 않고, 욕하지 않고, 탓하지 않고, 공격하지 않고, 미워하지 않을 것이다.

미국 역사상 링컨만큼 욕 많이 먹고 미움 받고 배반 당한 사람은 없을 것이다. 그런데도 링컨 전기의 고전이라 할 수 있는 헌든의 책을 보면 링컨은 이렇게 묘사되어 있다.

링컨은 결코 자신의 좋고 나쁜 감정에 따라 사람을 판단하지 않았다. 어떤 사람에게 신랄한 공격을 당한 경우에도 링컨은 다른 사람 역시 얼마든지 같은 방식으로 자기를 공격할 수 있다는 것을 알고 있었다. 자기에게 악의를 품고 비난을 일삼는 사람이라도 그가 정부 관료로서 어떤 자리의 최적임자라면 링컨은 친구나 다름없이 그를 그 자리에 앉혔다. 링컨은 자신의 정적이라거나 자신에게 반감을 가졌다는 이유로 누군가를 자리에서 물러나게 한 적은 한 번도 없었다.

링컨은 그가 고위직에 임명한 많은 사람들, 예를 들어 매클렐런, 시워드, 스탠턴, 체에스 등에게서 비난받고 모욕을 당했다. 그럼에도 불구하고 링컨은 이렇게 말했다.

"인간은 그가 어떤 일을 했다고 칭찬받거나, 그가 한 어떤 일또는 하지 않은 어떤 일 때문에 비난받아서는 안 된다. 왜냐하면 우리 모두는 조건, 상황, 환경, 교육, 습관, 유전의 산물이며, 이런 것들이 우리의 현재와 미래를 결정하기 때문이다."

링컨의 생각이 맞는 것 같다. 만일 우리가 적과 동일한 육체적, 정신적, 감정적 특성들을 가지고 태어났다면, 그리고 그와 같은 환경에서 그와 같은 경험을 하며 자랐다면 우리도 적과 똑같이 행동했을 것이다. 그러니 수족 인디언들이 기도하는 것처럼 관대한 마음을 가져보자.

우리는 원수를 미워하는 대신 그들을 불쌍히 여기고 우리가 바로 그들이 아닌 것을 신에게 감사하자. 적들에게 비난과 저주를 퍼붓는 대신 그들을 이해하고 동정하고 도와주고 용서하고 그들을 위해 기도하자.

오오, 위대한 신이여, 제가 그의 입장이 되어보기 전에는 그를 판단하거나 비난하지 않도록 지켜 주소서.

나는 매일 밤 성서의 1절을 읽든지 성구의 일부를 되풀이하고 나서, 식구들이 모두 무릎을 꿇고 기도하는 집안에서 자랐다.

나는 지금도 쓸쓸한 미주리 주의 농장에서 아버지가 자주 되풀이하던 그리스도의 말씀을 확실히 기억하고 있다.

"원수를 사랑하고 너희를 저주하는 이들에게 은혜를 베풀며, 너희를 미워하는 이를 좋게 해 주며, 너희를 괴롭히고 나무라는 이들을 위해 기도하라."

내 아버지는 이러한 그리스도의 말씀을 몸소 실천하려고 애썼다. 이는 그분의 마음에 평화를 주었다. 지상의 제왕이나 군주가 얻을 수 없었던 마음의 평화를.

아이젠하워 장군은 이렇게 말했다.

"내가 좋아하지 않는 사람들에 대해 고민하느라 단 1분도 낭비하지 마라."

내적 평화를 유지하는 방법 2

적에게 보복하려고 하지 마라. 적에게 보복하려고 하면 적에게 상처를 입히는 것보다 자기 자신이 더 많은 상처를 입게 된다.

---

3. 감사를 기대하지 마라

최근에 텍사스에서 어떤 사업가를 만났다. 그를 만나면 아마 15분 안에 틀림없이 듣게 될 거라던 이야기를 정말 15분도 되기 전에 들었다. 벌써 11개월 전의 일에 대해 그는 아직도 화가 나 있었다. 요점은 그가 35명의 직원들에게 크리스마스 보너스로 평균 300달러씩이나 주었는데도 누구 하나 고맙다는 인사가 없었다는 것이었다.

"그럴 줄 알았으면 한 푼도 주지 말걸 그랬죠!"

화난 사람에게는 독이 가득하다고 공자는 말했다. 그 사람은 온몸에 독이 충만했기 때문에 나는 오히려 그가 불쌍해 보였다. 그의 나이는 60세 전후였는데 앞으로 남은 얼마 안 되는 인생 가운데 거의 1년을 이미 지나가버린 일에 대해 화내고 한탄하고 속상해하면서 낭비해 버렸으니 정말 불쌍하지 않을 수가 없었다.

그는 원망과 분노에 빠지는 대신, 왜 직원들에게 감사를 받지 못했는지 스스로에게 물었어야 했다. 어쩌면 그는 이제껏 직원들을 싼 급료로 혹사해 왔는지도 모른다. 어쩌면 직원들은 자기들이 받은 크리스마스 보너스를 선물이라 생각하지 않고 급료의 일부라고 생각했는지도 모른다. 어쩌면 그가 너무나 깐깐하고 가까이하기 어려운 사람이라 고맙다는 인사를 망설였거나 또는 잊었는지도 모른다. 어쩌면 어차피 세금으로 내야 할 돈을 보너스로 내놓은 것이라고 생각했을지도 모른다. 어쩌면 직원들이 정말로 이기적이고 비열하고 경우 없는 사람들인지도 모른다.

누가 옳고 그른지는 아무도 모른다. 하지만 나는 사무엘 L. 존슨 박사가 했던 말은 알고 있다.

"감사하는 마음은 수양의 열매다. 교양이 없는 사람에게는 감사라는 열매가 맺히지 않는다."

이것이 바로 여기서 내가 말하고 싶은 첫 번째 핵심이다.

당신이 어떤 사람의 생명을 구했다고 하자. 그러면 당신은 그 사람에게서 감사받기를 기대할 것인가? 아마 기대할 것이다. 그런데 판사가 되기 전에 유명한 형사 사건 전문 변호사였던 새뮤얼 라이보이츠는 78명의 피고를 전기의자에서 구해냈다. 그들 중 몇 명이나 그에게 감사 인사를 했을 것 같은가? 그렇다, 한 사람도 없었다. 하물며 돈이 관련된 경우에는 더욱 기대하기 어렵다.

찰스 슈왑은 은행의 펀드 자금을 빼돌려 주식에 투기하다가 교도소에 들어가게 된 은행원을 구해 주었다. 돈을 대신 갚아준 것이다. 그 은행원이 감사했을까? 물론이다. 하지만 아주 잠깐 동안이었다. 시간이 지나자 그는 슈왑에게 적의를 품고 그를 비난하고 다녔다. 교도소로 잡혀 들어가게 된 자신을 구해 준 사람을!

당신이 친척에게 100만 달러를 주었다면 그 사람이 당신에게 고마워할까? 앤드류 카네기가 다시 살아 돌아온다면, 그는 그 친척이 자기를 헐뜯는 것을 보고 기겁했을 것이다. 그 친척 말로는 자선단체에는 3억 달러나 기부하면서 친척인 자기에게는 '겨우 100만 달러만' 주었기 때문이란다.

이런 게 바로 인간의 본성이다. 그리고 아마 우리가 살아 있는 동안 그것은 절대로 바뀌지 않을 것이다. 그렇다면 우리도 이를 받아들여야 하지 않을까? 로마 제국을 통치한 현인 마르쿠스 아우렐리우스처럼 인간의 본성에 대해 우리도 현실적으로 생각해야 하지 않을까? 그는 일기에 다음과 같이 쓰고 있다.

나는 오늘 지나치게 말이 많은 사람, 이기적이고 자기중심적이며 은혜를 모르는 자를 만나게 될 것이다. 하지만 나는 별로 놀라지도 마음 상하지도 않을 것이다. 그런 사람이 없는 세상은 상상할 수도 없으니까.

남들에게서 감사 받기를 기대하지 말자. 그러면 어쩌다가 감사 인사를 받으면 정말 기쁠 것이고 감사를 받지 못하더라도 마음 상하지 않을 것이다.

이것이 바로 내가 말하려고 하는 핵심이다. 인간이 감사하는 마음을 잊는 것은 자연스러운 일이다. 그러므로 감사를 기대하는 것은 스스로 마음 아프기를 바라는 것이 된다.

뉴욕에 사는 어떤 부인은 언제나 외롭다고 호소하며 불평을 늘어놓는다. 그녀의 친척들은 아무도 그녀를 가까이하려 하지 않았는데 그것은 당연한 일이었다. 그녀는 누가 찾아가기만 하면 몇 시간씩이나 자기가 어린 조카들을 돌보았던 옛날 이야기를 늘어놓는다. 아이들이 홍역, 볼거리, 백일해에 걸렸을 때 간호해준 이야기, 여러 해 동안 아이들을 양육한 이야기, 하나는 경영 대학원에 보내 주었고, 다른 아이 하나는 결혼할 때까지 같이 살면서 보살펴 주었다는 이야기 등을 불평을 가득 담아 늘어놓는 것이다.

그렇다면 조카들은 그녀를 찾아올까? 물론 가끔 의무적으로 속으로는 두려워하면서 방문한다. 왜냐하면 몇 시간이나 지긋지긋하게 계속되는 넋두리와 불평을 듣고 있어야 하기 때문이다. 조카들을 위협하거나 야단치거나 들볶아대는 것으로도 그들이 오지 않으면 그녀는 비장의 무기를 사용하곤 했다. 심장 발작을 일으키는 것이다. 그렇다면 이 심장 발작은 진짜일까? 물론이다. 그녀는 신경과민성 심계항진을 앓고 있다는 진단을 받았는데, 감정에서 생겨난 병이기 때문에 치료할 방법이 없다고 했다.

이 부인이 실제로 바라는 것은 사랑과 관심이다. 그녀는 그것을 감사라고 부르지만 그녀가 감사를 당연한 권리로 요구하고 있는 한 결코 감사도 사랑도 얻을 수 없을 것이다.

세상에는 이 부인처럼 감사할 줄 모르는 사람들 때문에, 또는 외로움과 무관심 때문에 고통받는 사람들이 아주 많다. 그들은 모두 사랑받기를 원한다. 하지만 사랑을 받을 수 있는 유일한 방법은 사랑을 요구하지 말고 아무 대가 없이, 보답이나 감사를 기대하지 말고 사랑을 주는 것이다.

너무 비현실적이고 이상적이라고? 아니다. 이것은 오히려 상식이고, 행복해지는 가장 좋은 방법이다.

아리스토텔레스는 이렇게 말했다.

이상적인 사람은 다른 사람에게 친절을 베푸는 것에서 기쁨을 느끼고, 그는 다른 사람의 친절을 받는 것을 부끄럽게 여긴다. 왜냐하면 친절을 베푸는 것은 우월함의 상징이지만 친절을 받는 것은 열등함의 상징이기 때문이다.

이것이 여기서 내가 말하려고 하는 두 번째 핵심이다. 행복을 원한다면 다른 사람이 감사하든 안 하든 신경 쓰지 마라. 그저 베푸는 데서 얻는 내적 기쁨을 위해서 베풀어라.

옛날부터 부모들은 자식들이 감사할 줄 모른다고 끊임없이 분개했다. 셰익스피어의 리어 왕마저도 이렇게 외쳤다.

"은혜를 모르는 자식을 둔다는 것은 독사에게 물린 것보다 더 고통스럽구나!"

하지만 아이들이 감사하지 않는 것은 잡초가 자라는 것처럼 자연스러운 것이다. 감사는 장미와 같아서 거름을 주고 물을 주고 사랑으로 기르고 보호해야만 피어나는 것이다. 아이들이 은혜를 모른다면 그 책임은 부모에게 있을 것이다. 다른 사람에게 감사하는 것을 가르치지 않으면서 어떻게 자식이 부모에게 감사하기를 기대할 수 있겠는가?

시카고의 상자 공장에서 일하는 어떤 사람은 주당 40달러를 버는 것이 고작이었다. 그는 아들이 둘 있는 어떤 미망인과 결혼했는데, 그녀는 그에게 돈을 대출받게 해서 자신의 두 아들을 대학에 보냈다. 그는 겨우 일주일에 40달러를 받으면서도 식비, 집세, 연료비, 옷값, 게다가 대출받은 돈까지 갚아야만 했다. 그렇게 4년 동안이나 막노동자처럼 고되게 일하면서도 그는 불평 한 번하는 일이 없었다.

그래서 그는 고맙다는 인사를 받았을까? 그렇지 않았다. 그의 아내는 그의 수고를 당연한 것으로 생각했다. 두 아들 역시 그렇게 생각했다. 의붓아버지에게 빚을 지고 있다고 생각하기는커녕 감사해야 한다는 생각조차 하지 않았다.

그렇다면 대체 누가 나쁜가? 두 아들? 물론 그렇다. 하지만 더 큰 잘못은 어머니에게 있다. 그녀는 자식들에게 빚을 지고 있다는 부담을 주고 싶지 않았다. 그래서 그녀는 자식들에게 '아버지는 너희를 대학에 보내 주신 고마운 분'이라고 말하지 않고 '아버지라면 이 정도는 당연히 해줘야지'라고 말했던 것이다. 그녀는 자식들을 무척 사랑해서 그랬다고 생각했겠지만, 실제로는 자식들에게 세상이 자기들을 돌볼 의무가 있다는 위험한 생각을 갖게 만들어 사회에 내보낸 것이다. 왜 위험한 생각이냐 하면 아들 가운데 하나가 고용주에게서 자기 말로는 돈을 빌리려고 하다가 교도소에 가는 일이 일어났기 때문이다.

자식들의 장래는 가정교육에 달려 있다. 미니애폴리스에 사는 나의 이모 비올라 알렉산더는 자식을 어떻게 키워야 하는지 확실하게 보여주는 사람이다.

내가 어렸을 때 비올라 이모는 친정어머니와 시어머니를 한 집에서 모셨다. 두 노인이 이모네 벽난로 앞에 앉아 계시던 모습이 지금도 눈에 선하다. 두 노인은 이모에게 귀찮은 존재가 아니었을까? 아마 가끔은 그랬을 것이다. 하지만 이모의 태도에는 그런 느낌이 전혀 없었다. 이모는 그분들을 사랑했고 늘 마음 편하게 지내시도록 보살펴드렸다. 게다가 이모에게는 아이가 다섯이나 있었는데도 말이다.

이모는 두 노인을 모시는 것이 무슨 특별하거나 훌륭한 일이라고는 전혀 생각하지 않았고, 칭찬이나 감사는 더더구나 기대하지도 않았다. 이모에게 그것은 그저 자연스럽고 옳은 일이었으며 스스로 하고 싶은 일이었을 뿐이었다.

지금 이모는 어떻게 지내실까? 혼자되신 지 벌써 20년 남짓 되신 지금, 이모의 다섯 자녀들은 저마다 가정을 꾸리고 있는데 서로 어머니를 모시겠다고 다툴 정도로 모두 어머니를 열렬히 사랑한다. 어머니에게 감사하는 마음 때문일까? 어림없는 소리! 그것은 순전히 사랑 때문이다. 이모의 다섯 자녀들은 어린 시절부터 아름다운 사랑과 친절이 넘치는 분위기 속에서 자랐기 때문에 어른이 된 지금 그들 역시 아름다운 사랑과 넘치는 친절을 베풀 수 있는 것이다.

그러므로 감사할 줄 아는 사람으로 자식을 키우려면 우리가 먼저 감사할 줄 아는 사람이 되어야 한다.

'아이들은 귀가 밝다'라는 격언을 기억하라! 아이들 앞에서는 각별히 말을 조심해야 하고, 누군가의 친절을 깎아내리고 싶은 마음이 들더라도 옆에 아이들이 있다면 입을 다물어야 한다.

"수지가 크리스마스 선물이라고 보낸 손수건 좀 봐요. 직접 손으로 만들었대요. 아무튼 짠순이야. 돈 한 푼 안 썼잖아요."

아이들 앞에서 절대로 이런 식으로 말해서는 안 된다. 대신 이런 식으로 말하면 좋을 것이다.

"수지가 크리스마스 선물로 보낸 손수건 좀 봐요. 직접 손으로 만들었대요. 이거 만드느라 얼마나 고생했을까! 참 좋은 사람이야! 얼른 고맙다고 편지해야겠어요."

그러면 아이들은 저도 모르는 사이에 칭찬과 감사하는 습관을 가지게 될 것이다.

내적 평화를 유지하는 방법 3

1. 은혜를 모른다고 화내지 말고 감사를 아예 기대하지 마라. 예수는 하루에 10명의 나병 환자를 고쳐 주었지만 감사 인사를 한 사람은 단 하나뿐이었다. 왜 우리는 예수보다 더 큰 감사를 기대하는가?

2. 행복해지는 유일한 방법은 감사를 바라지 않고 그저 주는 기쁨을 위해 베푸는 것이다.

3. 감사는 교육으로 키워지는 특성이다. 그러므로 감사할 줄 아는 아이로 키우려면 아이들에게 감사하는 법을 가르쳐야 한다.

4. 100만 달러라면 팔까?

🚶 미주리 주 웹시에 사는 헤럴드 애벗은 오랫동안 내 강좌의 매니저로 있었다. 어느 날 캔자스시티에서 우연히 그를 만났는데 그는 나를 미주리 주 벨튼에 있는 나의 농장까지 태워다 주었다. 농장으로 가는 동안 그는 나에게 아주 감동적인 이야기를 하나 해주었다.

지난 2년 동안 웹시에서 식료품점을 하면서 그 동안 모아 두었던 돈을 모두 까먹고 빚까지 지게 되었어요. 1934년 어느 봄날이었어요. 가게는 지난 토요일에 문을 닫았고, 캔자스시티로 일자리를 구하러 갈 여비를 빌리기 위해 머천츠 앤드 마이너스 은행에 가는 길이었어요. 그런데 웹시의 웨스트 도허티 거리를 지나다가 제 걱정을 한꺼번에 날려버린 장면을 목격했습니다. 겨우 10초나 될까?

그때 저는 말할 수 없이 초라한 모습으로 패배자처럼 걸어가고 있었는데 저쪽에서 다리 없는 사람이 롤러스케이트용 바퀴를 단 작은 나무판자 위에 앉아서 양손에 쥔 나무막대로 땅을 밀면서 오는 것이 보였어요. 그 사람은 마침 거리를 가로질러 인도 위로 올라오기 위해 몸을 약간 들어 올리면서 판자를 비스듬히 기울이다가 저와 눈이 마주쳤어요. 그러자 그가 활짝 웃으면서 쾌활하게 인사하는 거예요.

"안녕하세요! 날씨가 정말 좋죠?"

순간 내가 얼마나 가진 게 많은지 깨달았습니다. 두 다리가 있고 걸을 수도 있는 내가 이렇게 자기 연민에 빠져 있는 것이 부끄러웠어요. 다리가 없는 저 사람도 저렇게 행복하고 쾌활하고 자신만만하게 살 수 있는데 다리가 멀쩡한 내가 그러지 못할 이유가 없다는 생각이 들었죠.

그렇게 생각하자 마음이 홀가분해지면서 저절로 용기가 생기더라고요. 처음에는 은행에서 100달러라도 어떻게든 빌려볼 수 있을까 걱정이었지만 이제는 200달러를 빌릴 용기가 생긴 거예요. 일자리를 알아보려고 캔자스시티에 갈 생각이라고 말할 작정이었지만 저는 캔자스시티에 가서 직장에 다닐 거라고 분명히 말했습니다. 그러자 은행에서는 순순히 돈을 빌려 주었고 일자리도 쉽게 구했습니다. 요즘 저는 욕실 거울에 이 말을 붙여 놓고 매일 아침 면도할 때마다 읽고 있습니다.

나는 구두가 없어서 우울했다.

다리 없는 남자를 길에서 만나기 전까지는!

에디 리킨베커는 태평양에서 21일 동안 다른 조난자들과 함께 구명보트에서 표류하던 절망적인 상황에서 배운 가장 큰 교훈이 무엇이었느냐는 질문에 이렇게 대답했다.

"목마를 때 마실 수 있는 물과 배고플 때 먹을 수 있는 음식만 있다면 아무것도 불평해서는 안 된다는 겁니다."

〈타임〉지에 과달카날 전투에서 목에 포탄 파편을 맞아 7번이나 수혈을 받은 어느 병사의 기사가 실린 적이 있다.

그는 쪽지를 써서 의사에게 보였다.

"제가 살 수 있을까요?"

의사가 그렇다고 대답했다.

그러자 그는 다시 쪽지를 써서 의사에게 보였다.

"제가 말을 할 수 있게 될까요?"

이번에도 의사는 그렇다고 대답했다.

그러자 그는 다시 쪽지를 써서 의사에게 보였다.

"그렇다면 걱정할 게 없네요!"

우리가 살아가면서 겪는 일의 약 90퍼센트는 좋은 일이고, 나머지 10퍼센트는 나쁜 일이다. 행복하기를 바란다면 90퍼센트의 좋은 일에 집중하고 10퍼센트의 나쁜 일은 무시해야 한다. 불행하고 싶다면 10퍼센트의 나쁜 일에 집중하고 90퍼센트의 멋진 일을 무시하면서 살면 된다.

《걸리버 여행기》의 저자 조나단 스위프트는 영문학 사상 가장 과격한 염세주의자였다. 그는 자신이 태어난 것이 유감이라며 생일에는 상복을 입고 단식했다. 그런 비관주의자조차도 쾌활함과 행복이라는 건강한 에너지에 대해서는 누구보다도 찬미했다.

"세상에서 가장 유능한 의사는 좋은 식습관 의사, 평온 의사, 그리고 웃음 의사이다."

우리가 이미 갖고 있는 보물들의 진가를 안다면 우리는 매일, 매 순간, 웃음이라는 의사를 공짜로 만날 수 있을 것이다.

100만 달러를 준다면 당신은 두 눈을 팔겠는가? 당신의 두 다리는? 두 손은? 청력은? 자식들은? 가족은?

당신이 가진 모든 자산을 합쳐보라. 그러면 당신은 록펠러 가문, 포드 가문, 모건 가문에서 모든 재산을 다 준다 해도 당신이 가진 것과 바꿀 수 없다는 것을 알게 될 것이다.

그런데도 우리는 우리가 가진 모든 것들의 진가를 알아보지 못하고 감사하지도 않는다. 쇼펜하우어는 이렇게 말했다.

"우리는 자기가 이미 가지고 있는 것에 대해서는 생각하지 않고 언제나 우리에게 없는 것만 생각한다."

존 파머 역시 그런 사고방식 때문에 불평 많은 늙은이가 되어 하마터면 그의 노후를 엉망진창으로 만들 뻔했다.

전역하고 집으로 돌아오자마자 나는 사업을 시작했고 밤낮을 가리지 않고 열심히 일한 덕분에 모든 일이 순조롭게 술술 풀렸다. 그런데 어느 순간부터 골치 아픈 일이 생기기 시작했다. 부속품들과 원자재를 구입하는 것이 점점 더 힘들어졌던 것이다. 이러다가는 사업을 포기해야만 할지도 모른다는 생각에 나는 걱정이 태산이었다. 계속 걱정에 시달리다 보니 어느새 나는 성격 좋은 사람에서 불평 많은 늙은이가 되어 버렸다. 우울하고 짜증스러운 감정이 심술궂고 까다로운 성격으로 나타난 것이다.

그 무렵에는 전혀 깨닫지 못했지만 지금 생각해 보면 내가 그런 식으로 계속 지냈다면 가정도 사업도 완전히 망쳤을 것이다. 그런데 어느 날, 장애가 있는 젊은 재향군인 직원이 내게 말했다.

"사장님, 부끄럽지도 않아요? 사장님은 마치 이 세상에서 고생하는 사람은 당신 혼자라고만 생각하시는 모양인데 공장을 닫을 형편이 됐다고 칩시다. 그래서 어떻다는 겁니까? 경기가 좋아지면 다시 시작하면 됩니다. 사장님에게는 감사할 일이 그렇게 많은데도 늘 화만 내고 투덜거리시네요. 저는 정말이지 사장님이 부럽습니다. 저를 보세요. 팔도 하나뿐이고 얼굴이 절반은 총에 맞아 날아갔지만 불평하지 않습니다. 그렇게 늘 불평만 하다간 사업도, 건강도, 가정도, 친구도 다 잃게 될 겁니다!"

그 말을 듣고 나는 당장 불평을 그만두었다. 내가 얼마나 행복한 사람인지 알게 된 것이다. 나는 다시 옛날의 나를 되찾기로 결심했고 그렇게 했다.

200년 전에 새뮤얼 존슨 박사는 이렇게 말했다.

"온갖 사건의 가장 긍정적인 면을 보는 습관은 1년에 수천 파운드를 받는 것보다 더 값지다."

새뮤얼 존슨 박사는 절대로 낙천주의자가 아니다. 20년 동안이나 불안과 가난, 굶주림에 시달리다가 마침내 그 시대의 가장 뛰어난 저술가이자 전 세계를 통틀어 가장 화술에 능한 사람으로 거듭난 사람이다.

로건 피어설 스미스는 엄청난 지혜를 짧게 요약했다.

"인생에는 목표로 삼아야 할 두 가지가 있다. 첫째는 원하는 것을 갖는 것이고, 둘째는 그것을 즐기는 것이다. 가장 현명한 사람들만이 두 번째 목표를 이룬다."

세상에는 부엌에서 설거지하는 것조차 신나는 경험이 되는 사람도 있다. 50년 동안 사실상 시각장애인으로 살았던 보르그힐드 달은 저서《나는 보고 싶었다》에 이렇게 적고 있다.

내 눈은 한 쪽만 보였는데 그나마도 심한 흉터로 덮여서 왼쪽 눈 가장자리의 작은 틈새로만 볼 수 있었다. 그래서 책을 읽을 때는 책을 최대한 왼쪽 눈에 바짝 대고 안간힘을 써야만 했다.

하지만 그녀는 남에게 동정받거나 특별대우를 받는 것을 거부했다. 어렸을 때도 그녀는 다른 아이들과 함께 사방치기 놀이를 하고 싶었지만 바닥에 그은 줄을 볼 수가 없었다. 그래서 다른 아이들이 집으로 돌아간 뒤에 그녀는 운동장 바닥에 엎드려서 눈을 바닥의 줄에 대고 기어다니면서 줄의 위치를 기억했다. 그렇게 운동장 구석구석을 모조리 외우고 나자 그녀는 친구들과 능숙하게 사방치기 놀이를 할 수 있게 되었고 달리기도 할 수 있게 되었다. 그녀는 집에서 큰 활자로 된 책을 속눈썹이 닿을 정도로 가까이 대고 읽어야 했으면서도 미네소타 대학에서 문학사 학위를 받았고, 컬럼비아 대학에서 문학 석사 학위를 받았다.

그녀는 미네소타 주 트윈밸리의 작은 시골 마을에서 교사가 되었다. 그리고 얼마 뒤에는 사우스다코타 주의 아우구스타나 대학에서 언론학 및 문학 교수가 되어 13년 동안이나 학생들을 가르쳤다. 그때의 상황을 그녀는 이렇게 적었다.

나의 마음속에는 완전히 장님이 될지도 모른다는 공포가 늘 웅크리고 있었다. 그런 공포를 극복하기 위해서 나는 일부러 더 쾌활하고 거의 들떠 있는 것 같은 태도로 살았다.

1943년, 그녀가 52세 되던 해에 기적 같은 일이 일어났다. 그녀는 메이오 클리닉에서 수술을 받았는데, 결과가 아주 좋아서 지금까지보다 40배나 더 잘 보게 된 것이었다.

새롭고 아름다운 세계가 그녀 앞에 펼쳐졌다. 그녀에게는 부엌에서 설거지하는 일조차 정말 신나는 일이었다.

나는 접시 위에 하얗게 이는 비누거품을 만지작거리다가 손에 비누거품을 퍼올렸다. 그걸 햇빛에 비추니 거품 하나하나 속에 작은 무지개들이 찬란하게 빛나고 있었다.

창문 밖을 내다보다가 펄펄 내리는 함박눈 속에서 잿빛 참새가 날개를 파닥거리며 날아가는 것을 본 것도 그녀에게는 말할 수 없이 정말 신기한 일이었다. 비누거품이나 날아가는 참새를 보고도 이렇듯 기쁨에 찼던 그녀는 마지막 페이지를 이렇게 맺었다.

하늘에 계신 우리 아버지, 감사합니다. 감사합니다!

> 내적 평화를 유지하는 방법 4
> 걱정스러운 일을 세지 말고 고마운 일들을 세어라!

5. 자기 자신으로 살아라

다음은 노스캐롤라이나주 마운트 에어리에 사는 에디스 올레드라는 여성이 쓴 경험담이다.

어렸을 때 나는 몹시 예민하고 수줍고 좀 뚱뚱한 편이었는데 통통한 볼살 때문에 실제보다 훨씬 더 뚱뚱해 보였다. 어머니는 옷치장 따위는 바보짓이라고 생각하는 분이었고 딱 달라붙는 옷은 절대로 안 된다는 주의였기 때문에 나는 늘 칙칙하고 헐렁한 옷을 입어야 했다.

어쨌든 나는 파티에 가거나 친구들과 재미있게 놀아본 적도 없이 자랐다. 학교에서조차 다른 아이들이 밖에서 놀거나 운동할 때도 끼지 못했다. 나는 병적일 정도로 내성적이었고, 나 자신을 다른 사람들과 다른 존재이며 친구들에게 언제나 따돌림을 당하는 사람이라고 생각했던 것이다.

어른이 되고 나서 7세 연상인 사람과 결혼했지만 나의 성격은 조금도 변하지 않았다. 남편의 가족들은 모두 자부심이 강한 사람들이었다. 나는 그들처럼 되고 싶었다. 하지만 아무리 노력해도 소용이 없었다. 그들이 나에게 가까이 오려고 하면 나는 오히려 기가 죽어 더 움츠러들 뿐이었다. 나는 점점 신경과민이 되어 걸핏하면 화를 내게 되었고 사람을 피했다. 나중에는 현관에서 벨 소리만 울려도 깜짝 놀랄 지경이었다.

나는 실패자였다. 나는 그것을 분명히 알고 있었다. 하지만 남편이 이 사실을 알게 될까 봐 걱정이었다. 그래서 사람들 앞에서는 억지로 쾌활한 척했고 그러다보니 내 행동은 늘 과장되고 어색할 수밖에 없었다. 그러고 나면 며칠 동안 나는 다시 비참하고 우울한 기분에 빠져들었다. 마침내 나는 산다는 것이 너무 비참해져서 자살까지 생각하게 되었다.

그렇다면 이 불행한 여인의 삶을 바꾼 건 무엇이었을까?
에디스 올레드는 이렇게 적고 있다.

어느 날 시어머니가 아이들을 키우던 이야기를 하다가 "아이들에게 늘 자기답게 살라고 강조했다"고 말씀하셨다.
자기답게! 순간 깨달았다. 지금까지 나에게 맞지 않는 테두리 속에 억지로 나를 집어넣으려고 애쓰느라 이렇게 힘들었던 거구나! 그것은 나에게 충격이었고 그 순간 내 삶은 완전히 바뀌었다.

나는 그날부터 나 자신으로 살기로 결심했다. 나는 나 자신의 성격을 연구했고 내가 진짜로 어떤 사람인지 알아내려고 노력했다. 나는 나 자신의 장점이 무엇인지 찾기 시작했다. 어릴 때부터 늘 입어왔던 칙칙하고 검소하고 헐렁한 옷차림에서도 과감하게 벗어나기로 했다. 그래서 나에게 어울리는 스타일을 찾으려고 최대한 다양한 색상과 스타일로 옷을 입어 보았다. 적극적으로 친구를 사귀려 노력했고 작은 사회단체에도 가입했다.

물론 처음에는 정말 겁도 나고 당황스럽기도 했지만 활동하는 동안 조금씩 용기가 생겼고 자신감도 생겼다. 어쨌든 내가 이렇게까지 변화하는 데는 오랜 시간이 걸렸지만 지금은 기대 이상으로 행복하다. 아이들에게도 내가 쓰라린 경험을 겪으며 배운 교훈을 늘 말해준다.

"무슨 일이 생기든 늘 너답게 살아라."

제임스 고든 길키 박사는 이렇게 말했다.

"자기답게 사는 문제는 인간의 역사만큼 오래된 문제이며 인간의 삶만큼 보편적인 것이다."

대부분의 신경증, 정신병, 강박증의 이면에는 자기답게 살지 않으려는 자세가 숨어 있다. 아이 양육에 관한 책을 13권이나 쓴 안젤로 패트리는 이렇게 말했다.

"정신적으로나 육체적으로 자신이 아닌 다른 누군가가 되려고 갈망하는 사람만큼 비참한 사람은 없다."

다른 누군가가 되고 싶다는 욕망은 특히 할리우드에서 흔하게 찾아볼 수 있다. 영화감독 샘 우드는 젊은 배우 지망생들을 훈련할 때 가장 어려운 일은 자기 자신이 되라고 설득하는 일이라고 말했다. 그들은 모두 제2의 라나 티너, 제3의 클라크 게이블이 되고 싶어 한다는 것이다.

"대중은 다른 걸 원한다고 그들에게 말해주죠. 경험으로 알게 된 건데, 다른 사람을 흉내 내면서 다른 사람인 척하는 사람들은 빨리 그만두는 게 자신을 위해서도 좋아요."

나는 최근에 소코니 배큐엄 석유 회사의 인사담당 이사 폴 보인턴에게 구직자들이 면접에서 범하는 가장 큰 실수가 무엇이냐고 물어 보았다. 그는 면접을 6만 명 이상 보았고,《일자리를 얻는 6가지 방법》이라는 책도 낸 사람이다.

"면접을 볼 때 구직자들이 하는 가장 큰 실수는 자기답게 행동하지 않는 겁니다. 자기 생각을 솔직하게 얘기하는 대신 면접자의 비위에 맞는 대답을 하려고 하는 거죠. 하지만 그런 건 전혀 도움이 되지 않습니다. 가짜를 원하는 사람은 아무도 없으니까요. 위조지폐 따위를 누가 탐내겠어요?"

어떤 도시의 전차 차장도 이 교훈을 배우고서야 성공했다. 그녀는 원래 가수가 되고 싶었지만 불행하게도 용모가 시원치 않았다. 입이 너무 큰데다 뻐드렁니였다. 뉴저지의 나이트클럽에서 처음 노래를 부르게 되었을 때, 그녀는 윗입술로 삐져나온 이를 감추려고 애썼다. 매혹적인 제스처도 써보았지만 어색하고 촌스러웠다. 실패가 뻔한 무대였다.

그런데 나이트클럽 손님 중에서 그녀의 재능을 인정한 신사가 있었다. 그가 퉁명스럽게 말을 걸었다.

"이봐요, 아가씨, 노래하는 걸 보니 이를 감추려고 무척 애쓰더군요. 이가 그렇게 마음에 걸려요?"

그녀는 당황했지만 뭐라 대답할 말도 없었다. 신사는 말을 계속했다.

"그게 어쨌다는 거죠? 뻐드렁니가 죄는 아니잖아요. 굳이 감출 필요 없어요. 마음껏 입을 벌리고 노래를 불러요. 당신이 부끄러워하지 않으면 사람들은 틀림없이 당신을 사랑하게 될 겁니다. 당신이 감추려고 애쓰는 이가 오히려 행운이 될지도 모르죠."

캐스 다레이는 그 다음부터 이에 신경 쓰지 않고 관객들에게만 마음을 썼다. 그녀는 크게 입을 벌리고 마음껏 노래를 불렀다. 그러고 나서 그녀는 영화와 라디오의 대스타가 되었으며, 이제는 그녀를 흉내 내는 희극배우까지 생겼다.

윌리엄 제임스는 이렇게 말했다.

"인간은 자신의 한계에 훨씬 못 미치는 삶을 살고 있다. 사람에게는 다양한 능력이 있지만 습관적으로 사용하지 못하고 있는 것이다."

당신과 나는 이러한 능력을 가지고 있는 사람이다. 그러니 다른 사람들과 같지 못하다는 이유로 1초라도 걱정하지 말자. 당신은 이 세상에 하나밖에 없는 새로운 존재다. 이 세상이 시작된 이래 당신과 똑같은 인간은 하나도 없었고, 앞으로도 없을 것이다. 유전학에 따르면, 우리는 아버지에게서 받은 염색체 24개와 어머니에게서 받은 염색체 24개로 이루어진 결과물이고, 이 48개의 염색체가 당신을 결정하는 것이다. 이에 대해 암람 샤인펠트는 이렇게 말했다.

"각각의 염색체에는 수백 개의 유전자가 들어있는데, 어느 하나만으로도 개인의 삶을 완전히 바꿔 놓을 수 있다."

정말 놀랍지 않은가? 우리는 이렇게 굉장하고 훌륭하고 불가사의하게 만들어져 있는 것이다.

미주리 주의 옥수수 밭을 떠나 뉴욕으로 처음 왔을 때 나는 미국 공연 예술 아카데미에 등록했다. 나에게는 다른 사람들이 왜 이 방법을 찾아내지 못했는지 의아할 정도로 아주 간단명료하고 성공이 확실한 아이디어가 있었다. 당대의 명배우 존 드루, 월터 햄던, 오티스 스키너 등의 장점만을 본떠서 나 자신을 그들의 총합체로 만드는 것이었다.

아, 지금 생각하면 얼마나 어리석은 짓이었는지! 나는 그렇게 다른 사람을 흉내 내면서 몇 년을 낭비했다. 하지만 그 쓰디쓴 경험으로도 나는 나 자신으로 살아야 한다는 교훈을 얻지 못했다. 나는 다시 한 번 같은 짓을 했다.

몇 년 뒤에 나는 기업가들을 위한 대중연설 책을 쓰기 시작했는데 나는 그때처럼 바보같은 생각을 했다. 이제껏 나온 다른 저서의 아이디어를 정리하면 온갖 다양한 아이디어를 담은 책이 탄생하리라 생각했던 것이다. 그래서 나는 대중연설에 관한 책들을 모아 1년 넘게 그것을 정리하는 데 보냈다. 하지만 이번에도 내가 바보짓을 했다는 게 분명해졌다. 다른 사람들의 생각으로 뒤죽박죽인 글은 너무 인위적이고 따분해서 나라도 안 읽을 정도였다. 나는 1년 동안 작업한 원고를 쓰레기통에 던져버리고 다짐했다.

'데일 카네기답게 쓰자. 실수나 한계 따위는 걱정하지 말자. 어차피 절대로 다른 누군가가 될 수는 없는 법이니까.'

나는 다른 사람들의 훌륭한 아이디어를 모아 합치는 짓을 그만두고 다시 처음부터 시작했다. 나 자신의 경험, 관찰을 기초로 하여 대중연설에 관한 교과서를 집필했다. 월터 롤리 경(진흙길에 자신의 코트를 펼쳐 여왕이 밟고 지나가게 했다는 풍류 시인이 아니라, 1904년, 옥스포드 대학의 영문학 교수였던 분이다)이 깨달은 교훈을 그때 나도 깨달은 것이다.

"나는 셰익스피어처럼 쓸 수 없지만 나답게 쓸 수 있다."

자기 자신으로 살아라.

메리 마가렛 맥브라이드는 처음 방송에 출연했을 때 아일랜드의 희극 배우를 따라 하다가 실패했다. 하지만 그녀가 미주리 주에서 온 시골 소녀의 평범한 모습을 보여주기 시작하면서부터 그녀는 뉴욕에서 가장 인기 있는 라디오 스타가 되었다.

진 오트리가 텍사스 사투리를 감추고 제법 도시인처럼 옷을 입고 다니며 뉴욕 태생인 척 할 때 사람들은 그를 비웃었다. 하지만 그가 밴조를 안고 카우보이 노래를 부르기 시작하자, 오트리는 세상에서 가장 유명한 카우보이가 되었다.

당신은 이 세상에 없던 새로운 사람이다. 그것을 기뻐하라. 자연이 당신에게 준 선물을 최대한 활용하라.

예술은 결국 자서전이다. 당신만이 당신의 노래를 부를 수 있고, 당신만이 당신의 그림을 그릴 수 있다. 당신은 당신의 경험, 환경, 유전에 의해 만들어진 것이어야 하고, 좋든 나쁘든 당신은 당신만의 작은 정원을 가꾸어야 하며, 좋든 나쁘든 당신은 인생의 오케스트라에서 당신 자신의 작은 악기를 연주해야만 한다.

랠프 에머슨은 저서 《자기 신뢰》에서 이렇게 말했다.

살다보면 사람들은 다음과 같은 확신에 도달하게 된다. 질투는 무지한 것이고 모방은 자살이다! 그러므로 사람은 좋든 싫든 자기를 받아들여야 한다. 드넓은 우주에는 좋은 것들이 가득하지만 나에게 주어진 한 귀퉁이 땅을 일구지 않으면 옥수수 알맹이 하나도 얻지 못한다. 내 안에 있는 능력은 이제껏 없던 것이다. 그러므로 나만이 내가 무엇을 할 수 있는지 알 수 있으며, 그조차도 시도해보지 않으면 알지 못한다.

시인 더글러스 맬럭은 이렇게 노래했다.

그대 만일 저 언덕의 소나무가 될 수 없다면
산골짜기의 덤불이 되어라.
다만 여울가에서 가장 근사한 덤불이 되어라.
나무가 될 수 없다면 덤불로도 족하니.

그대 만일 덤불이 될 수 없다면 작은 풀이 되어
길거리를 아름답게 하라.
그대 만일 꼬치고기가 될 수 없다면 농어가 되어라.
다만, 호수에서 가장 생기 넘치는 농어가 되어라!

우리 모두가 선장이 될 수는 없으니 그대 선원이 되어라
우리 모두에게는 할 일이 있다.
큰일도 있고 작은 일도 있다.
그리고 꼭 해야 하는 일은 가까이에 있다.

그대 만일 큰길이 될 수 없다면 작은 오솔길이 되어라.
그대 만일 태양이 될 수 없다면 별이 되어라.
실패와 성공은 크기에 달린 것이 아니니,
무엇이 되든 최고가 되어라!

내적 평화를 유지하는 방법 5

남을 흉내 내지 마라.

진정한 자기 자신을 찾아 자기답게 살아라.

6. 레몬을 레모네이드로 바꿔라

이 책을 집필하는 동안, 나는 시카고 대학의 로버트 메이너드 허친스 총장을 인터뷰하면서 걱정거리가 생겼을 때 어떻게 대처하는지 물었다. 그는 이렇게 대답했다.

"시어스 로벅 사의 회장 줄리어스 로즌월드가 이런 충고를 해준 적이 있습니다. '레몬이 있으면 레모네이드를 만들어라!' 나는 늘 그 충고를 따르려고 노력하고 있습니다."

이것이 위대한 교육자가 걱정을 처리하는 방법이다. 하지만 어리석은 사람들은 정확히 이와 반대로 한다. 레몬을 받는 순간 세상을 원망하며 자기연민에 빠지는 것이다.

"졌어. 이건 운명이야. 나에게는 이제 기회가 없어."

하지만 현명한 사람은 레몬을 받아들고 이렇게 말한다.

"이 불운에서 어떤 교훈을 배울까? 어떻게 이 상황을 개선할까? 어떻게 이 레몬을 레모네이드로 바꿀 수 있을까?"

인간의 잠재 능력 연구에 평생을 바친 위대한 심리학자 알프레드 아들러는 인간의 가장 놀라운 특성 중 하나는 마이너스를 플러스로 바꾸는 힘이라고 단언했다.

뉴욕에 사는 셀마 톰슨이 이 말을 정확하게 증명해 줄 것이다. 다음은 그녀가 들려준 재미있는 경험담이다.

전쟁 중에 제 남편은 뉴멕시코의 모하비 사막 근처에 있는 육군 신병 훈련소에서 근무하고 있었어요. 저는 남편과 같이 지내기 위해 그곳으로 이사를 했지만 그곳 생활이 정말 싫었어요. 거의 혐오스러울 정도였죠. 하루하루 사는 게 그렇게 비참할 수가 없었어요. 선인장 그늘에서조차 50도에 달하는 무더위에 사람이라곤 멕시코인이나 인디언들뿐이었어요. 그들은 영어도 못했죠. 쉴 새 없이 불어대는 바람에 음식은 고사하고 숨쉬는 공기에도 모래가 서걱거릴 정도였어요! 모래! 모래! 지긋지긋한 모래!

부모님께 편지를 썼어요. 이런 곳에 1분이라도 더 있느니 차라리 교도소가 낫겠다고 했죠. 아버지한테서 답장이 왔어요. 딱 두 줄뿐이었죠. 저는 그 두 줄을 절대로 잊지 못할 거예요. 그 두 줄이 제 인생을 완전히 바꿔놓았으니까요.

두 사람이 교도소 창살 사이로 밖을 보고 있었다.
한 사람은 진흙탕을, 다른 한 사람은 별을 보았다.

저는 이 두 줄을 읽고 또 읽었어요. 저 자신이 얼마나 부끄러웠는지 모릅니다. 저는 별을 보는 사람이 되겠다고 결심했습니다. 제가 원주민들과 친구가 되려고 마음먹자 그들의 반응은 정말 놀라운 것이었어요. 제가 천을 짜는 방법이라든가 도자기에 관심을 보이자 그들은 관광객들에게는 절대로 팔지 않는 소중한 작품들을 아낌없이 제게 선물로 주는 것이었어요.

선인장과 실난초, 그리고 조슈아 나무 등의 기묘한 모양을 관찰하는 것도 아주 흥미진진했습니다. 다람쥐처럼 생긴 프레리 도그에 대해서도 배우고, 모래 언덕에 앉아 사막의 노을을 바라보기도 하고, 몇 백만 년 전에는 바다의 바닥이었다는 사막 모래에 남겨진 조개껍질을 찾아다니기도 했습니다.

대체 무엇이 이토록 놀라운 변화를 가져왔을까요? 모하비 사막은 전혀 변하지 않았죠. 인디언들도 달라진 것이 없었습니다. 변한 것은 바로 저 자신이었어요. 단지 마음가짐을 바꿨을 뿐인데 제 인생에서 가장 비참할 뻔했던 경험이 제 인생에서 가장 즐겁고 흥미로운 모험으로 바뀐 거였죠.

저는 제가 발견한 새로운 세상에 자극 받고 흥분되었어요. 너무나 신나는 경험을 《빛나는 성벽》이라는 소설로 써서 출판했죠. 스스로 만든 교도소 창문에서 별을 찾아냈던 겁니다.

해리 에머슨 포스딕은 20세기에 이 말을 다시 언급했다.

"행복은 대개 기쁜 일보다는 승리에서 비롯된다."

확실히 그렇다. 그리고 승리는 레몬을 레모네이드로 바꾸는 성취감과 환희에서 오는 것이다. 플로리다에는 독이 든 레몬조차 레모네이드로 바꾼 행복한 농부가 있다.

처음으로 자신의 농장을 마련한 그 농부는 막상 농장으로 이사를 하고 나서야 토질이 너무나 안 좋아서 과일을 재배할 수도, 가축을 기를 수도 없다는 것을 알게 되었다. 게다가 그 땅에는 작은 가시나무와 방울뱀들이 들끓었다. 처음에는 실망이 이만저만이 아니었지만 그는 곧 골칫거리를 자산으로 바꿀 기발한 아이디어를 생각해 냈다. 방울뱀을 이용하는 것이었다.

놀랍게도 그는 방울뱀 고기로 통조림을 만들었고, 농장을 관광객들에게 개방하여 1년에 20만 명이나 되는 여행객들이 방울뱀을 구경하러 왔다. 방울뱀의 이빨에서 뽑은 독은 해독제를 만드는 실험실로 보내졌고, 방울뱀 가죽은 여성용 구두와 핸드백 재료로 비싼 값에 팔렸으며, 방울뱀 고기 통조림도 온 세계의 식도락가들에게 팔려 나갔다.

나는 그곳에서 파는 그림엽서를 사서 마을 우체국으로 부치러 갔다. 놀랍게도 그 마을 이름은 플로리다 주 방울뱀 마을이었다. 독 있는 레몬을 달콤한 레모네이드로 바꾼 행복한 농부는 마을 이름까지 바꿀 정도로 성공한 것이다.

윌리엄 보리스는《신에게 맞선 12명》에 이렇게 썼다.

인생에서 가장 중요한 것은 당신이 얻은 것을 활용하는 게 아니다. 그런 것은 바보라도 할 수 있다. 진실로 중요한 것은 손실에서 이익을 얻는 것이다. 이것이 지혜로운 사람과 바보의 차이를 만드는 것이다.

보리스가 이런 말을 한 것은 그가 철도 사고로 한쪽 다리를 잃은 후였는데, 나는 두 다리를 잃었으면서도 마이너스를 플러스로 바꾼 사람을 알게 되었다. 조지아주 아틀랜타에 있는 어떤 호텔에서 엘리베이터를 탔는데, 휠체어에 앉은 남자가 구석에서 싱글벙글 웃고 있었다. 벤 포트슨이라는 그 남자는 두 다리가 없었다. 내릴 때가 되자 그는 좀 비켜 달라고 말하면서 "정말 미안합니다" 인사하고 쾌활하게 웃었다.

내 방으로 돌아온 뒤에도 그 쾌활한 사람이 머릿속에서 떠나지 않아, 결국 그의 방을 찾아가 이야기를 들었다.

1929년이었어요. 정원 콩밭에 울타리를 만들려고 호두나무를 베러 갔었어요. 자른 나무토막들을 자동차에 싣고 돌아오는 도중에 갑자기 나무토막 하나가 차에서 굴러 떨어지는 바람에 바로 차를 멈추려고 했는데 갑자기 브레이크가 듣지 않는 거예요. 그대로 차가 제방 밑으로 굴러 떨어지면서 나무에 부딪쳤어요. 그때 척추를 다쳐 다리를 못 쓰게 됐습니다. 그때 내 나이는 겨우 24살이었어요.

24세에 일생을 휠체어에서 보내야 할 운명이 되다니! 그런데 어떻게 그렇게 쾌활하게 지낼 수 있느냐고 물어 보았다.

처음 한동안은 길길이 날뛰고 반항하며 운명을 저주했죠. 하지만 시간이 흐르자 분노는 나 자신을 괴롭힐 뿐이라는 것을 알게 됐어요. 주위 사람들이 모두 나에게 마음을 써 주는 것을 알게 됐고요. 그래서 나도 세상 사람들에게 친절해져야겠다고 생각했습니다.

그리고 오랜 세월이 지난 지금은 그 사고가 오히려 필연이었다고 생각할 정도예요. 충격과 분노에서 벗어나자 곧 새로운 세상이 펼쳐졌거든요. 지난 14년 동안 1,400권의 책을 독파하면서 시야가 넓어지고, 삶이 풍성해졌어요. 음악에도 조예가 깊어져서 전에는 그토록 지루하기만 하던 교향악을 진심으로 즐길 수 있게 됐죠. 하지만 무엇보다 큰 변화는 생각할 시간이 생긴 거예요. 처음으로 이 세계를 제대로 지켜볼 수 있게 됐고, 사물의 가치를 올바로 판단할 수 있게 됐습니다. 그리고 옛날에 내가 그토록 열망했던 것들이 대부분 가치 없다는 것도 알게 됐죠.

결국 그는 정치에 흥미를 갖게 됐고, 공공 문제를 연구하게 되었으며, 휠체어를 타고 유세를 다녔다. 가는 곳마다 많은 사람들을 알게 되었고, 많은 사람들도 그를 알게 되었다. 오늘날, 벤 포트슨은 조지아주의 국무장관이다.

지난 35년 동안 나는 뉴욕에서 성인 교육 강좌를 진행하면서 수많은 사람들이 대학에 가지 않은 것을 무척 후회하고 있다는 사실을 알게 되었다. 그들은 대부분 그것을 대단한 핸디캡으로 여기고 있었지만 나는 그렇게 생각하지 않는다. 세상에는 고등학교만 나오고도 성공한 사람들이 얼마든지 있기 때문이다. 그래서 나는 곧잘 초등학교도 제대로 나오지 못한 사람들의 이야기를 들려주곤 했다.

그는 정말 가난한 집에서 자랐다. 아버지가 돌아가셨을 때는 아버지의 친구들이 돈을 조금씩 거둬서 관을 사 주었을 정도였다. 아버지가 세상을 떠난 뒤에 어머니는 우산 공장에서 하루 10시간씩 일했으며, 일을 마치고 난 뒤에는 삯일을 집으로 가지고 돌아와 밤 11시까지 일을 했다.

소년은 다니던 교회의 아마추어 연극 동호회에 참가하게 되었다. 무대에 서는 것이 재미있었던 그는 대중 연설을 하기로 결심했다. 이것이 그를 정치로 이끌었고, 30세가 되었을 때 뉴욕 주의 의원으로 선출되었다.

하지만 그는 그런 직책을 수행할 준비가 되어 있지 않았다. 아니, 나중에 그가 나에게 털어놓은 말로는 솔직히 그 자리에서 자기가 도대체 무엇을 해야 하는지조차 전혀 알지 못했을 정도였다. 그는 입법 여부에 관한 찬부 투표를 해야 했기 때문에 길고도 복잡한 의안을 읽기는 했지만 촉토족 인디언의 언어로 쓰인 것처럼 도무지 무슨 말인지 알 수가 없었다. 은행 계좌를 만들어 본 적도 없었던 그가 주 의회의 금융위원회 회원으로 선출되었다. 숲이라곤 들어가 본 적도 없는데 삼림법 의원에 뽑힌 꼴이었다.

그는 번민하지 않을 수 없었다. 그는 당장 의원직을 사임하고 싶었다. 하지만 어머니 앞에서 패배를 고백하고 인정하는 것이 부끄러웠다. 그는 하루에 16시간씩 공부하여 무지라는 레몬을 지식이라는 레모네이드로 바꿔놓았고, 그렇게 그는 지방 정치가에서 국가적인 인물로 바뀌었다. 〈뉴욕 타임스〉는 그에게 '뉴욕에서 가장 인기 있는 시민'이라는 호칭을 붙여주었다. 그가 바로 앨 스미스다.

독학으로 정치 공부를 시작한 앨 스미스는 4회 연속 뉴욕 주지사로 선출되었다. 1928년, 그는 민주당 대통령 후보에까지 올랐으며 컬럼비아, 하버드 등을 포함하여 6개 대학이 초등학교밖에 다니지 못했던 이 사나이에게 명예 학위를 수여했다. 하루에 16시간씩 공부하며 자신의 레몬을 레모네이드로 바꾸지 않았다면 어림도 없는 일이었다.

니체는 초인이 되는 규칙을 이렇게 말했다.

"역경을 참고 견딜 뿐만 아니라 그것을 사랑하라."

성공한 사람들의 인생에 대해 연구할수록 핸디캡을 짊어지고 있었기 때문에 오히려 엄청나게 노력할 수 있었다는 것을 알게 되었다. 이것을 윌리엄 제임스는 짧게 요약했다.

"우리의 약점은 예상치 못하게 우리를 돕는다."

분명히 그렇다. 밀턴은 장님이었기 때문에 더욱 훌륭한 시를 쓸수 있었고, 베토벤은 귀가 멀었기 때문에 그렇게 훌륭한 음악을 작곡할 수 있었을지도 모른다.

헬렌 켈러의 놀라운 생애 역시 그녀가 눈도 보이지 않고 귀까지 들리지 않았기 때문에 가능했는지도 모른다.

차이코프스키가 절망에 빠지지 않았거나 비극적인 결혼생황 때문에 자살 직전까지 내몰리지 않았다면, 그리고 그의 삶이 그토록 비참하지 않았다면 그는 불후의 교향곡인 〈비창〉을 작곡할 수 없었을지도 모른다.

생명의 개념을 바꾼 위대한 과학자 찰스 다윈은 자신의 약점이 생각지도 못한 도움이 되었다고 고백했다.

"만약 내가 이렇게 많이 아프지 않았다면 내가 이제껏 이룬 그토록 많은 일들을 해낼 수 없었을 것이다."

다윈이 영국에서 태어나던 바로 그 날, 또 다른 아기가 켄터키 주 숲 속의 통나무집에서 태어났다. 그 또한 자기의 약점에서 도움을 받았다. 그의 이름은 에이브러햄 링컨이다.

만약 그가 상류층 가정에서 태어나 자라고, 하버드 대학에서 법학 학위를 받고 행복한 결혼 생활을 했다면 어땠을까? 그래도 그는 우리가 알고 있는 위대한 링컨일 수 있었을까? 게티즈버그에서의 명연설을 남길 수 있었을까? 그는 두 번째 대통령 취임식에서 남긴 아름답고 고귀한 시를 입에 담지 못했을지도 모른다.

"악의를 품지 말고 모든 이를 사랑하라!"

해리 에머슨 포스딕은 《사물을 꿰뚫어 보는 힘》이라는 그의 저서에서 이렇게 쓰고 있다.

스칸디나비아에는 '북풍이 바이킹을 만든다'는 속담이 있다. 이 말은 우리의 삶에 대한 일종의 격려라고 할 수 있다. 안전하고 유쾌한 생활, 어려운 일 없이 술술 풀리는 편안한 삶이 사람들을 기분 좋게 또는 행복하게 만든다는 생각은 과연 어디서 나온 것일까? 자기 연민에 빠져 있는 인간은 푹신한 침대 위에 편안하게 누워서도 여전히 자기 연민에 빠지지만, 역사상 높은 명예와 행복을 성취하는 사람들은 상황이 좋든 나쁘든 자기 어깨에 짊어진 책임을 감당하는 사람들이었다. 그러므로 북풍은 계속해서 해적을 만들고 있는 것이다.

상황이 너무 절망적이어서 레몬을 레모네이드로 바꿀 희망이 거의 없다 해도 도전해야만 하는 2가지 이유가 있다.

첫째, 우리도 성공할 수 있다.

둘째, 비록 성공하지 못한다 해도 마이너스를 플러스로 바꾸려는 시도만으로도 우리는 뒤를 돌아보지 않고 앞을 보게 된다. 부정적인 생각이 긍정적인 생각으로 바뀌고 긍정적인 에너지를 만들어 지나간 일에 대해 후회할 여유가 없도록 우리를 바쁘게 만들어주기 때문이다.

세계적인 바이얼리니스트 올레 불이 파리에서 공연하던 중 바이올린 현 하나가 뚝 끊어졌다. 하지만 불은 3개의 현만으로 곡을 마쳤다. 해리 에머슨 포스딕은 이렇게 말한다.

"4개의 현 중 하나가 끊어져도 나머지 3개로 마무리하는 것, 그것이 인생이다."

그것은 인생 이상이다. 빛나는 인생이다!

내적 평화를 유지하는 방법 6

운명이 당신에게 레몬을 주었다면 그것으로 레모네이드를 만들기 위해 노력하라.

---

7. 14일 안에 우울증을 극복하는 법

나는 이 책을 쓰기 시작했을 때 '나는 이렇게 걱정을 극복했다'라는 주제로 가장 유익하고 감동적인 실화를 보내 준 사람에게 200달러의 상금을 주겠다고 발표했다.

심사위원은 이스턴 항공사 사장 에디 리켄베커, 링컨 메모리얼 대학 총장 스튜워트 W. 맥클레런드 박사, 라디오 뉴스 해설자 H. V. 칼텐본 세 사람이었는데 응모 작품 중 가장 뛰어난 2편 사이에서 고민하다가 결국 공동 우승으로 하여 상금을 반으로 나누었다. 그 중의 하나, 미주리 주 스프링필드에 살고 있는 C. R. 버튼의 이야기를 소개한다.

나는 9세 때 어머니를 잃고 12세 때에 아버지를 잃었다. 아버지는 교통사고로 돌아가셨지만, 어머니는 19년 전에 여동생 둘을 데리고 집을 나가신 뒤로 만나지 못했다.

아버지는 미주리에 있는 작은 도시에서 카페를 경영하셨는데 아버지가 출장을 가고 없는 사이에 동업자가 카페를 팔아 치우고 도망쳐버렸다. 아버지의 친구가 아버지에게 전보를 쳐서 알렸고 아버지는 급히 돌아오다가 캔자스 주 살리나스에서 교통사고로 돌아가셨다.

고모가 두 분 계셨지만 가난하고 병약한데다가 아이들도 셋이나 있었기 때문에 나를 돌봐주실 수 없었다. 마을에서 17킬로미터 정도 떨어진 농장에 사는 로프틴 아저씨 부부가 나를 맡아 주었다. 로프틴 아저씨는 당시 70세 정도 된 노인이었는데 나에게 거짓말을 하지 않고 남의 물건을 훔치지 않고 말을 잘 들으면 같이 살게 해주겠다고 했다. 나는 이 세 가지 규칙을 성경처럼 철저히 지켰다.

나는 다시 학교에 다니게 되었는데 첫 주에는 집에 돌아오기만 하면 어린아이처럼 엉엉 울었다. 다른 아이들이 나를 못살게 굴며 고아 놈이라고 욕했기 때문이었다. 나는 화가 나서 내일은 반드시 그 아이들과 싸우겠다고 씩씩거렸다. 그러자 로프틴 아저씨가 말했다.

"화가 날 때 꾹 참고 싸우지 않는 것은 싸우는 것보다 더 큰 용기가 필요한 거란다."

그래서 나는 절대로 싸우지 않기로 결심했는데, 학교 뒤뜰에서 어떤 아이가 내 얼굴에 닭똥을 집어 던졌을 때는 도저히 참을 수가 없어서 실컷 그 아이를 두들겨 주었다.

어느 날은 덩치 큰 여자아이가 내 모자를 와락 낚아채더니 물에 풍덩 집어넣으면서 말했다.

"네 돌대가리는 이렇게 물로 적셔줘야 뇌가 팝콘처럼 튀어나오는 걸 막을 수 있을 거야."

학교에서는 꾹 참았지만 집에 돌아오자 울음이 터졌다. 로프틴 아주머니가 나를 달래며 부드럽게 타일렀다.

"랠프, 네가 먼저 그 아이들한테 관심을 갖고 좋아하면 분명 그 아이들도 너를 괴롭히거나 고아라고 욕하지 않게 될 거야."

이 충고는 나의 모든 문제와 고민을 해결해 주었다. 나는 열심히 공부했고 친구들을 적극적으로 돕기 시작했다. 아이들이 주제문이나 에세이를 작성하는 것을 거들어 주고, 예습과 복습을 도와주기도 하고, 어떤 친구에게는 독후감을 써주었고, 수학을 가르쳐주기도 했다. 그러자 아이들은 더 이상 나를 괴롭히지 않았고 우리는 친구가 되었다.

어느 해인가 우리 이웃에 죽음의 사신이 들이닥쳤다. 늙은 농부 두 사람이 죽었고, 다른 집 남편은 부인을 버리고 어디론가 도망쳐 버렸다. 그 바람에 달랑 4집 밖에 없던 우리 동네에 남자라고는 나 하나만 남게 되었고, 어쩔 수 없이 이웃 부인들을 2년 동안이나 도와야 했다. 학교에서 집으로 돌아오는 길에 그들의 농장에 들러서 장작을 패주고, 소젖도 짜주고, 가축들에게 물과 사료를 주었다. 덕분에 나는 칭찬이 자자한 훌륭한 존재가 되었으며, 어느 집에서나 친구처럼 반겨 주었다.

내가 해군에서 돌아왔을 때는 그들이 얼마나 환영해 주었는지 깜짝 놀랄 정도였다. 내가 돌아오던 그날에는 200여 명의 농부들이 나를 보기 위해 일부러 찾아와 주었는데, 어떤 이는 120킬로미터나 되는 먼 길을 차를 몰고 달려온 사람도 있었다. 그들은 진심으로 나를 생각해 주었던 것이다. 이제 나는 이웃들을 도우며 바쁘게 사느라 걱정이라곤 할 틈도 없다. 그리고 최근 13년 동안 고아 놈이라고 욕하는 소리를 들어 본 적도 없다.

정말 장하지 않은가! 친구를 만드는 방법을 알고 있고, 걱정을 극복하여 인생을 즐기는 방법도 이렇게 잘 알고 있으니 말이다.

워싱턴 주 시애틀의 프랭크 루프 박사도 그런 사람이었다. 그는 23년 동안이나 통풍으로 누워 지내면서도 누구보다 즐겁게 살았다. 그렇게 오래 병상에 누워 지내면서 어떻게 즐겁게 사냐고?

그는 영국의 황태자처럼 '나는 봉사한다'는 말을 좌우명으로 삼았다. 그는 중병에 시달리는 사람들의 주소와 이름을 모아 그들에게 위로와 격려의 편지를 보내 쾌활해지도록 만들었고, 환자들이 서로 편지를 주고받을 수 있도록 편지 교환 모임을 만들어서 마침내 국제적인 조직으로 발전시켰다.

그는 병상에 있으면서도 1년에 평균 1만 4천통이나 되는 편지를 썼고, 외출할 수 없는 병자들에게 라디오며 책들을 보내 기쁨을 누리게 해주었다.

루프 박사와 수많은 다른 사람들의 차이는 무엇일까?

그것은 그가 자기 자신보다 훨씬 고귀하며, 훨씬 더 뜻 깊은 관념에 따라 행동되고 있다는 자각에서 오는 기쁨을 가지고 있었다는 점이다. 버나드 쇼가 '세상이 자기의 행복을 위해서는 조금도 힘을 보태 주지 않는다고 불평하면서, 짜증과 불만으로 편안한 날이 없는 자기중심적인 소인배들'이라고 평한 사람들과는 정반대인 것이다.

위대한 정신과 의사이자 심리학자인 알프레드 아들러가 쓴《우리에게 인생이란 무엇인가》에는 우울증에 대한 놀라운 처방이 들어 있다.

날마다 어떻게 하면 다른 사람을 기쁘게 해 줄 수 있을지 생각해 보라. 그러면 14일 안에 우울증을 물리칠 것이다.

이 기발한 아이디어에 대한 이해를 돕기 위해 그의 책을 조금 더 인용해 보겠다.

우울증은 다른 사람에게서 관심과 동정, 지지를 받고 싶은데 그렇지 못한 것에 대한 오랜 기간의 계속적인 분노, 비난에서 비롯된다. 우울증 환자의 첫 기억은 대개 이렇다.
"나는 긴 의자에 눕고 싶었는데 형이 먼저 누워 있었다. 내가 큰 소리로 울기 시작하자 형이 자리를 떠났다."
우울증 환자들은 가끔 스스로에게 복수하기 위해 자살을 택하는 경우도 있다. 그러므로 의사가 가장 주의해야 할 일은 그들에게 자살을 피할 이유를 만들어 주는 것이다.

나 역시 환자들의 긴장을 풀어주기 위한 첫 번째 조치로 '하고 싶지 않는 일이라면 절대로 하지 말라'고 말한다. 매우 소극적인 것 같지만 사실은 아주 중요한 일이다. 아무리 우울증 환자라도 자기가 하고 싶은 일만 한다면 도대체 누구를 비난할 것이며 무슨 분풀이를 할 것인가?

연극을 보러 가고 싶으면 가고, 놀러가고 싶으면 놀러가고, 뭘 하다가도 하기 싫어지면 그만 두는 것, 이거야말로 누구나 바라는 최고의 상황 아닌가? 게다가 우월감을 느끼고 싶어 하는 환자들에게는 신처럼 무엇이든 원하는 대로 할 수 있다는 만족감을 준다.

물론 다른 사람을 지배하고 비난하고 싶어 하는 우울증 환자의 생활 방식에 쉽게 들어맞지는 않는다. 하지만 이 규칙은 그들의 불안을 없애주고 안심하게 하기 때문에 나의 환자 중에는 자살한 사람이 하나도 없었다.

대개의 경우 환자들은 이렇게 말한다.

"저는 하고 싶은 게 없어요."

하지만 나에게는 이에 대한 대답이 준비되어 있다.

"그럼 하기 싫은 일을 하지 마세요."

하루 종일 자고 싶다고 말하는 사람도 있다. 나는 그렇게 하라고 한다. 내가 그렇게 하지 말라고 하면 환자는 펄펄 뛰면서 난리를 칠 것이다. 나는 늘 그들에게 동의한다.

이것이 제1 처방이다. 다음 처방은 환자들의 생활방식을 직접적으로 건드리는 것이다.

"날마다 어떻게 하면 다른 사람을 기쁘게 해 줄까 생각해 보세요. 그러면 14일 안에 반드시 완쾌합니다."

이것은 그들에게 무척 중대한 의미가 있다. 그들은 어떻게 하면 다른 사람을 괴롭힐 수 있을까 하는 것만 생각하고 있기 때문이다. 어쨌든 그들의 대답은 매우 흥미롭다.

어떤 사람은 이렇게 대답한다.

"그런 일이야 쉽죠. 난 평생 그렇게 살았는걸요."

천만에! 그는 절대로 그렇게 살지 않았다. 나는 그에게 다시 잘 생각해 보라고 말한다. 하지만 그는 절대로 다시 생각하지 않는다. 그래서 나는 그들에게 이렇게 말한다.

"밤에 잠이 오지 않을 때 다른 사람을 어떻게 기쁘게 해 줄 수 있을지 한 번 생각해 보세요. 건강에도 도움이 될 겁니다."

다음날 나는 다시 그에게 물어본다.

"어젯밤에 제 말대로 하셨습니까?"

그러면 그는 이렇게 대답한다.

"어제는 침대에 눕자마자 잠이 들었어요."

어떤 환자는 이렇게 대답한다.

"아무래도 안 되겠어요. 걱정할 게 너무 많아서요."

그러면 나는 이렇게 대답한다.

"걱정하는 대신 다른 사람에 대해 생각해 보세요."

어떤 이는 이렇게 말한다.

"왜 내가 다른 사람을 기쁘게 해 줘야 해요? 그들은 나에게 요만큼도 해주는 게 없는데요."

나는 이렇게 대답한다.

"그렇게 하는 것이 당신의 건강에 도움이 되기 때문이지요. 그렇지 않은 사람들은 나중에 후회하게 될 겁니다."

나는 환자들이 주변 사람들에게 더 많은 관심을 갖게 하는 일에 모든 노력을 기울이고 있다. 우울증의 진짜 원인은 협동 정신이 부족하거나 없다는 데 있다는 것을 잘 알고 있기 때문에, 그들에게도 그 사실을 의식할 수 있게 하려는 것이다.

그들이 사람들과 평등하게 협력 관계를 맺을 수 있게 될 때 그는 완쾌된다. 종교가 사람들에게 강조하는 가장 중요한 일은 언제나 '너의 이웃을 사랑하라'는 것이었다. 다른 사람에게 관심을 갖지 않는 사람은 살아가는 동안 큰 어려움에 빠지게 되고 다른 사람들에게도 큰 피해를 입히게 된다. 인간의 모든 실패는 이런 사람들 사이에서 일어난다. 그러므로 우리가 인간에 대해 요구하는 모든 것, 우리가 인간에게 줄 수 있는 최고의 찬사는 좋은 동료, 좋은 친구, 진정한 동반자다.

아들러 박사는 하루 한 가지씩 선행을 하라고 역설한다. 선행이란 무엇인가? 예언자 모하마드는 이렇게 말했다.

"선행은 다른 사람의 얼굴에 웃음을 주는 것이다."

하지만 매일 좋은 일을 하는 것이 어떻게 선행을 하는 사람에게 놀랄 만한 영향을 주는 것일까?

다른 사람을 기쁘게 해 주려는 생각은 고뇌, 공포, 우울증의 원인이 되는 자기중심적 사고를 멈추게 하기 때문이다.

뉴욕에서 직업훈련소를 경영하고 있는 윌리엄 T. 문 부인은 우울증을 극복하기 위해 선행이라는 방법을 생각해 내는데 2주도 걸리지 않았다. 단 하루 만에 두 고아를 기쁘게 해주는 것으로 자신의 걱정을 몰아냈던 것이다.

5년 전 12월에 나는 슬픔과 자기 연민에 빠져 있었어요. 남편을 잃었거든요. 크리스마스가 가까워 온 세상이 축제 분위기에 들뜰수록 나의 슬픔을 더 깊어졌어요. 이제껏 혼자 크리스마스를 지내 본 적이 없었기 때문에 크리스마스가 다가오는 것이 두려웠어요. 친구들이 크리스마스를 함께 보내자고 초대했지만 그럴 기분은 또 아니었거든요. 크리스마스 이브가 닥쳐오자 난 점점 더 자기 연민에 사로잡혔어요. 난 정말 많은 일에 감사했어야 했는지도 모르는데 말이죠.

크리스마스 전날 오후 3시에 사무소를 나와 아무 생각 없이 5번가를 걷고 있었어요. 아마 그렇게 자기 연민과 우울감을 털어볼 생각이었겠죠. 거리는 온통 명랑하고 행복한 사람들로 가득차 있었어요. 즐거웠던 추억들이 새록새록 되살아나더군요. 그런데 쓸쓸한 아파트로 돌아가자니 생각만 해도 견딜 수 없었어요.

어쩌면 좋을지 몰랐고, 눈물이 그치지 않았어요. 1시간쯤 무작정 걷다가 문득 정신을 차려 보니 어느 틈에 버스 종점에 와있더군요. 언젠가 남편과 함께 야릇한 모험심에서 어디로 가는지도 모르는 버스에 타고 돌아다녔던 일이 생각나서 그냥 앞에 있는 버스에 올라탔어요.

허드슨 강을 건너 한참 가다보니 어느새 차장이 "종점입니다. 아주머니" 하기에 차에서 내렸어요. 그 마을의 이름조차 몰랐지만, 조용하고 아늑한 곳이었어요. 골목길을 걷다가 교회 앞을 지나치는데 '고요한 밤'의 아름다운 선율이 들리더군요. 무심코 안으로 들어갔어요. 텅 빈 교회 안에서 어떤 사람이 오르간을 치고 있었어요. 나는 조용히 의자에 앉았어요. 찬란하게 꾸민 크리스마스트리 위에서 무수한 장식들이 별처럼 반짝이고 있었어요. 은은하게 흐르는 음악 소리를 듣다가 잠이 들었어요. 아침부터 아무것도 먹지 않는데다가 몸도 마음도 무척 지쳐 있었으니까요.

그러다가 깜짝 놀라 눈을 떴을 때 나는 내가 어디 있는지 알지 못했어요. 두 아이가 내 눈앞에 서 있더군요. 아마 크리스마스트리를 구경하로 온 거겠죠. 여자아이가 다른 아이에게 "산타클로스할아버지가 데리고 왔는지도 몰라" 라고 말하고 있었어요. 내가 눈을 뜨자 두 아이는 깜짝 놀랐어요. 나는 "괜찮아" 하고 말했어요. 아이들은 허름한 옷을 입고 있었어요.

"아빠와 엄마는?" 내가 물었어요.

"우린 엄마도 아빠도 없어요." 아이들이 대답했어요.

나보다도 훨씬 불쌍한 어린 고아들이 여기 있었던 거예요. 자기 연민과 슬픔에 빠져 있는 나 자신이 부끄러워졌어요. 아이들에게 크리스마스트리를 구경시켜주고, 아이들을 데리고 다니며 캔디와 선물을 사주었어요. 그러다 보니 마법에라도 걸린 듯 쓸쓸함이 사라지고 행복한 기분이 들더군요.

몇 개월 만에 난 슬픔과 외로움을 잊었어요. 아이들과 이야기를 나누는 동안 내가 얼마나 행복한 사람인지도 알게 됐죠. 내 어린 시절의 크리스마스가 부모님의 사랑과 자애로움으로 넘쳤던 것을 주께 감사했어요. 두 아이는 내가 준 것보다 훨씬 더 많은 것을 나에게 베풀어 주었어요. 그 일로 나는 행복해지려면 다른 사람들을 행복하게 해 줄 필요가 있다는 것을 알게 됐어요. 행복은 전염된다는 것을 깨닫게 된 거죠. 주는 것은 곧 받는 거예요. 남을 돕고 사랑을 줌으로써 나는 걱정과 슬픔과 자기 연민을 극복하고 전혀 다른 사람이 됐어요. 앞으로도 줄곧 그렇게 살 거예요.

걱정과 슬픔을 몰아내고 우울증을 극복해서 건강하고 행복하게 사는 사람들은 수없이 많다. 그들 이야기만으로도 책을 몇 권을 쓸 수 있을 정도다.

다른 사람을 돕는 일에 흥미를 가지면 정신과 의사를 찾아가는 사람이 3분의 1은 줄어들 것이다. 이것은 내 개인적인 의견이 아니라 칼 융이 한 말이다.

내 환자의 3분의 1은 임상적으로는 진정한 신경증이 아니라 공허한 인생과 무감각 때문에 앓는 병이다. 바꾸어 말하면 그들은 엄지손가락을 내밀고 인생을 공짜로 태워 달라고 하는데 차들이 그것을 무시하고 그대로 지나쳐 버리는 것이다. 그래서 그들은 그들의 자기중심적 욕망을 충족시켜 주지 않는 세상 모든 사람들을 비난하면서 정신과 전문의에게로 서둘러 가는 것이다.

당신은 어쩌면 이렇게 말할지도 모른다.

"이런 얘기엔 관심 없어. 나도 크리스마스이브에 고아를 만났다면 그랬을 거야. 하지만 내 경우는 하나부터 열까지 다 달라. 내 일상은 평범하기 짝이 없고 극적인 일이라곤 1도 없다고. 매일 꼬박 8시간씩 지루한 일을 해야 하고 먹고 살기도 바빠. 그런데 남을 돕는 일까지 해야 한다고? 안 그래도 피곤해 죽겠는데 어떻게 그래? 무슨 이익이 있다고!"

그럴 듯한 질문이다. 이제 내가 대답해 보겠다.

당신의 생활이 아무리 평범하다 해도 당신은 날마다 누군가를 만날 것이다. 당신은 그들에게 어떤 태도를 취하는가?

매일 수백 킬로미터를 걸어 다니며 당신의 집까지 편지를 배달해주는 집배원에 대해서 단 한 번이라도 그가 어디에 살고 있는지, 그의 아내와 아이들은 어떤 사람들인지, 다리가 얼마나 아픈지, 일이 얼마나 고된지 관심을 가져본 적이 있는가? 식료품 가게의 점원, 버스 운전사, 거리의 구두닦이에 대해서는 또 어떤가?

내가 말하는 것은 아주 작은 것이다. 세계를 아름답게 만들기 위해 플로렌스 나이팅게일이 되라거나, 사회운동가가 되어 세상을 바꾸라고 말하는 것이 절대 아니다.

그러면 당신에게 어떠한 이익이 있을 것인가?

보다 큰 행복, 보다 큰 만족과 자긍심이 돌아온다!

아리스토텔레스는 이러한 태도를 계발된 이기심이라고 불렀고, 조로아스터는 이렇게 정의했다.

"타인에게 선을 행하는 것은 의무가 아니라 베푸는 이의 건강과 행복을 증진시키는 즐거움이다."

벤저민 프랭클린은 이를 간단히 요약했다.

"타인에게 선을 행하는 것은 자신에게 최선을 다하는 것이다."

뉴욕 심리상담센터의 헨리 C. 링크 소장은 이렇게 썼다.

"현대 심리학의 가장 큰 발견은 자아실현과 행복을 위해서 자기희생과 훈련이 필요하다는 것을 과학적으로 실증한 것이다."

케임브리지 대학의 A. E. 하우스만 교수는 1963년 '시의 어원과 특징'이라는 강의에서 이렇게 말했다.

지금까지 논의된 가장 위대한 진실과 가장 심오한 도덕적 발견은 예수의 다음 말씀이다.

'자신만을 위해 살고자 하는 자는 죽을 것이요, 남을 위해 죽고자 하는 자는 살 것이다.'

20세기 미국의 저명한 무신론자 시어도어 드라이저는 모든 종교를 멍청이들이 들려주는 요란하고 찬란한 옛날이야기라고 냉소한 사람이었지만, 예수가 가르친 위대한 원칙, '타인을 섬겨라'라는 교훈에 대해서는 이렇게 지지했다.

"인간이 짧은 인생을 사는 동안 최대한의 기쁨을 얻으려면 타인을 어떻게 하면 잘 되게 할지 생각하고 계획해야 한다. 왜냐하면 자기의 기쁨은 그들의 기쁨에 이어져 있고, 그들의 기쁨은 그 자신의 기쁨에 이어져 있기 때문이다.

시간은 두 번 다시 돌아오지 않는다. 그러니 선행을 미루지 말고 당장 실행하자. 같은 길을 두 번 다시는 지나지 못할 테니까."

> 내적 평화를 유지하는 방법 7
> 다른 사람에게 관심을 갖고 자기를 잊어라.
> 매일 누군가의 얼굴에 미소를 선물하라.

Part 5

걱정을
극복하는 방법

내 부모님이 걱정을 극복한 방법

그 시절의 농민들이 다 그랬던 것처럼 우리 부모님은 무척 가난했다. 어머니는 시골학교 교사였고 아버지는 1달에 12달러를 받는 농장 노동자였다. 어머니는 내 옷 뿐만 아니라 빨래비누도 직접 만들었다. 1년에 한 번 돼지를 팔 때 말고는 돈이 거의 없었기 때문에 버터나 계란을 가지고 식료품 가게에 가서 밀가루, 설탕, 커피와 바꿨다. 7월 4일 독립기념일 행사에 갔을 때 아버지가 10센트를 주셨는데 그때 난 엄청 부자가 된 것만 같았었다.

나는 날마다 1.5킬로미터를 걸어서 교실 하나밖에 없는 학교에 갔다. 큰 눈이 내린 날도, 영하 28도의 강추위에도 걸어서 학교에 갔다. 14세가 될 때까지 장화는커녕 고무신도 신어 보지 못했다. 길고 추운 겨울 내내 내 발은 늘 꽁꽁 얼어 있었다. 하지만 나는 누구나 다 그런 줄만 알았다.

아버지와 어머니는 매일 16시간이나 일했지만 늘 빚을 갚느라 허덕였다. 힘든 일은 계속 일어났다. 홍수가 나서 곡식과 목초지를 모두 엉망진창으로 만든 일도 있었고, 돼지들이 콜레라에 걸려서 불에 태워야 했던 일도 있다.

옥수수가 풍작이던 해에는 송아지와 새끼돼지를 사서 직접 기른 옥수수를 먹여 길렀는데 차라리 홍수가 나는 게 좋았을 뻔 했다. 시카고 가축 시장에서 소값이 폭락하는 바람에 겨우 30달러를 벌었을 뿐이었던 것이다. 꼬박 1년을 일해서 겨우 30달러를!

무슨 일을 해도 손해였다. 부모님은 10년 동안 모질게 일했지만 빚만 늘어갔다. 대출금 이자조차 밀리기 일쑤였다. 대출해 준 은행은 아버지를 괴롭히고 욕하며 농장을 빼앗겠다고 협박했다.

아버지는 당시 47세였는데, 그동안 피땀 흘려 부지런히 일한 결과는 빚과 굴욕감뿐이었다. 아버지는 걱정 때문에 건강까지 나빠졌고 살기도 싫어졌다. 의사는 이러다가는 앞으로 반년도 더 살지 못할 것이라고 경고했다.

어느 날 밭을 빼앗아 버리겠다고 위협하는 은행에 갔다가 돌아오는 길에 아버지는 다리 위에서 말을 세우고 짐마차에서 내려 오랫동안 흐르는 냇물을 굽어보고 있었다. 차라리 다리 위에서 뛰어내려 모든 것을 끝장내 버릴까 곰곰이 생각하면서.

하지만 아버지는 뛰어내리지 않았다. 하나님을 사랑하고 그 율법을 지켜가기만 하면 모든 일이 잘 될 거라던 아내의 말이 생각났기 때문이었다. 어머니가 옳았다.

결국 모든 일이 잘 되어 아버지는 그 뒤 행복하게 42년을 사셨고, 89세에 돌아가셨다. 어머니는 힘겹고 고통스런 나날에도 절대로 걱정하지 않았다. 기도로 모든 문제를 해결했던 것이다. 매일 밤 어머니는 우리에게 성경을 읽어주셨다.

내 아버지의 집에는 거할 곳이 많도다.
내가 너희를 위하여 거처를 예비하러 가노니
나 있는 곳에 너희도 있게 하리라.

위대한 심리학자 윌리엄 제임스는 이렇게 말했다.
"종교적 믿음이야말로 걱정을 치료하는 묘약이다."
그것을 발견하기 위해 하버드 대학에 갈 필요는 없다. 내 어머니는 미주리 주의 농장에서 그것을 발견했었다. 홍수든 빚이든 재앙이든 그 무엇도 내 어머니의 행복하고도 찬연하게 빛나는 씩씩한 영혼을 굴복시킬 수는 없었던 것이다. 지금도 나는 어머니가 일하면서 부르던 찬송가를 잘 기억하고 있다.

평화, 평화, 마음 뛰는 평화여,
하늘이신 주께 흘러 떨어져
내 영혼을 길이 채워 주소서.
비옵나니, 끝없는 사랑의 큰 물결 속에서.

프랜시스 베이컨은 350년 전에 이렇게 말했다.

"어설픈 철학은 사람의 마음을 무신론으로 이끌지만, 심오한 철학은 사람의 마음을 종교로 이끈다."

과학과 종교의 갈등에 대해 극심한 논쟁이 벌어진 일도 있었지만 그것은 이미 옛날이야기다. 오늘날에는 최신 과학인 정신의학에서조차 예수의 가르침을 전하고 있다. 내세의 지옥을 모면하기 위해 종교적인 생활을 권하는 것이 아니라, 현세의 지옥, 예를 들어, 위암, 협심증, 신경 쇠약, 또는 광기를 모면하기 위해 종교적 생활을 권하고 있는 것이다.

그 이유가 과연 뭘까? 정신의학자들 역시 모든 질병 가운데 절반 이상의 근본적 원인이 되는 걱정, 불안, 긴장과 두려움을 기도와 강한 종교적 신념으로 몰아낼 수 있다는 것을 잘 알고 있기 때문이다. 이에 대해 정신의학계의 거목인 A. A. 브릴 박사는 이렇게 말했다.

"정말로 종교적인 사람은 노이로제에 걸리지 않는다."

만일 종교가 진실이 아니라고 한다면 인생은 무의미하다. 비극적인 희극인 것이다. 예수는 이렇게 말씀하셨다.

"내가 여기 온 것은 너희에게 생명을 얻게 하고, 더 풍성하게 얻게 하려는 것이라."

예수는 당시 종교의 형식적이고 무의미한 의식을 맹렬히 비난하고 공격했다. 그는 저항 세력이었다. 그는 세상을 혼란에 빠뜨릴 수 있는 위험하고 새로운 종교를 전파했고, 그 때문에 십자가에 못 박혔다. 그는 종교는 인간을 위해 있는 것이지 인간이 종교를 위해 있는 것이 아니라고 가르쳤다. 그는 안식일 역시 인간을 위해 만들어진 것이지 안식일을 위해 인간이 만들어진 것이 아니라고 가르쳤다. 그는 죄에 관해서보다 두려움에 관해 더 많이 이야기했다. 잘못된 종류의 두려움은 건강에 거역하는 죄이며, 예수가 역설하고 있는 보다 풍족하고 보다 행복하고 보다 용기 있는 삶을 살지 않는 것이다.

예수는 제자들에게 늘 이렇게 말했다.

"기뻐하라. 그리고 즐거워하라."

예수는 종교에 딱 두 가지 중요한 사항이 있다고 선언했다. 하나는 온 마음을 다해 하나님을 사랑하는 것이고, 또 하나는 이웃 사람을 자기 자신과 마찬가지로 사랑하는 것이다. 이 두 가지를 실천하는 사람은 본인이 알든 모르든 종교적인 사람이다.

앞서 걱정에 관한 이야기 가운데 심사위원들이 우열을 가리지 못해 결국 공동 우승을 결정했다는 이야기를 한 적이 있다. 여기 공동 1위를 차지한 두 번째 이야기를 소개한다. 그녀가 이름을 밝히지 않겠다고 했으므로 메리 쿠쉬먼이라는 가명으로 부르겠다.

극심한 불경기가 불어닥쳤을 때 내 남편의 평균 주급은 18달러였다. 남편은 몸이 허약해서 자주 자리에 눕곤 했는데, 성홍열이니 이하선염이니 온갖 병을 두루두루 돌아가며 앓았고, 감기는 아예 달고 살았다. 아이들은 다섯이나 되는데 한 푼도 벌지 못하는 때가 많았다. 결국 우리는 그나마 갖고 있던 조그마한 집마저 팔아야 했고 식료품 가게에는 50달러의 빚까지 지게 되었다. 이웃 사람들의 빨래와 다림질을 해주면서 겨우겨우 입에 풀칠했고, 구세군 상점에서 헌 옷을 사다가 고쳐서 아이들에게 입혔다.

어느 날 11살 된 딸이 연필 두 자루를 훔쳤다고 가게 주인에게 혼났다면서 울었다. 정직하고 감수성이 풍부한 아이가 많은 사람들 앞에서 모욕을 받고 창피를 당한 것이다. 이 일은 나에게 치명적인 상처를 주었다. 고생스러웠던 지금까지의 숱한 일들이 한꺼번에 나를 덮쳤다. 나는 완전히 절망 속에 가라앉아버렸다. 걱정 때문에 일시적으로 정신이 이상해졌던 모양이다. 나는 세탁기를 멈추고 5세 된 여자아이를 침실로 데리고 가서, 창문을 닫고 문틈마다 헝겊 조각이며 종이 따위로 틀어막았다.

딸이 물었다. "엄마, 뭐해?"

나는 대답했다. "문틈으로 바람이 들어와서 막는 거야."

나는 침실에 있는 가스히터의 스위치를 틀었다. 하지만 불을 붙이지는 않았다. 딸아이를 안고 침대에 누웠다.

딸이 물었다. "엄마, 우린 조금 아까 일어났잖아."

나는 대답했다. "낮잠을 조금만 자자."

나는 눈을 감고 히터에서 가스가 새어나오는 소리를 듣고 있었다. 그때의 가스 냄새를 나는 결코 잊을 수 없다!

그런데 그때 음악소리가 들리는 것 같았다. 나는 귀를 기울였다. 부엌에 있는 라디오 스위치를 깜빡 잊고 끄지 않은 것이었다.

하지만 무슨 상관이랴. 그런 것은 아무래도 좋다고 생각했다. 음악이 흘렀다. 누군가가 옛 찬송가를 부르고 있었다.

자애로우신 우리의 벗 예수님은
우리의 죄와 슬픔을 씻어주시니,
마음속의 괴로움 숨김없이 말하여
왜인지 말하지 않는 무거운 짐을
자애로우신 우리의 벗 예수님은
우리들의 약함 알고 가엾어 하시니,
괴로움과 슬픔 속에 빠져들 때도
기도를 들으시고 위로하시네.

찬송가에 귀를 기울이고 있는 동안 나는 내가 무거운 짐을 혼자 짊어지고 싸우려고 했다는 것을 깨달았다. 모든 것을 주의 뜻에 맡기려고 하지 않았다. 나는 벌떡 일어나 가스를 끄고 문과 창문을 열고 눈물로 기도했다. 도와달라는 기도가 아니었다. 내게 주신 주의 축복에 대해, 내 몸도 마음도 굳세고 건강한 것에 대해, 튼튼한 아이를 다섯이나 주신 것에 대해서 진심으로 감사하는 기도였다. 그리고 다시는 이런 짓을 하지 않겠다고 맹세했다.

우리는 조그만 시골집을 월세 5달러로 세들어서 이사했다. 나는 주께 감사했다. 비바람과 추위를 막을 수 있는 장소가 생겼으니까. 그리고 주께서 나의 기도를 들어주셨으니까.

어떻게 아냐고? 당장은 아니었지만 형편은 조금씩 좋아졌고 돈도 조금씩 생겼기 때문이다.

나는 어느 컨트리클럽의 모자 보관소에 취직해서 일하며 틈틈이 양말을 팔 수 있게 되었고, 큰아들은 농장에 일자리를 얻어서 아침저녁으로 13마리나 되는 젖소의 젖을 짜는 일을 하며 대학에 다녔다. 지금 내 아이들은 모두 결혼했고 귀여운 손주가 셋이나 있다. 그 끔찍스러운 날을 돌이켜 생각할 때마다, 나는 그 아슬아슬한 위기의 순간에 내 눈을 뜨게 해 주신 주님께 감사드린다. 그때에 만약 그런 끔찍한 짓을 저지르고 말았다면 오늘날의 이 기쁨을 누릴 수도 없었을 테니까.

나는 죽고 싶다고 입버릇처럼 말하는 사람의 이야기를 들을 때마다 이렇게 외치고 싶어진다.

'죽지 마! 지금 지나고 있는 캄캄한 날이 영원할 것 같지만 지나고 나면 결코 길지 않다는 것을 알게 될 거야. 어떻게든 참고 견뎌야만 환한 앞날이 태어나는 거야.'

미국에서는 평균 35분마다 1명이 자살하고 120초마다 1명 꼴로 정신이상자가 생긴다고 한다. 이들 자살자의 대부분과 그리고 또한 미쳐 버리는 사람의 절반은, 만일 그들이 종교와 기도에서 얻는 평화와 위안을 가지고 있었다면 방지할 수가 있었을 것이다.

현대의 가장 저명한 정신분석학자인 칼 융은 그의 저서 《현대인의 영혼 탐구》에서 다음과 같이 말하고 있다.

지난 30년 동안 세계 각지의 사람들이 나에게 상담을 받으러 왔다. 나는 수백 명의 환자를 치료했다. 그 가운데 35세 이상의 사람들은 모두 종교적 구원을 구해야 할 상태에 있었다. 그들 모두 각 시대마다 종교가 그 신자들에게 베풀었던 무언가를 잃었기 때문에 병에 걸린 것이었고, 종교적 인생관을 회복하지 못한 사람들 가운데 정말로 치유된 사람은 단 한 명도 없었다.

이 의견은 정말로 그 의미가 깊다. 그냥 넘어가지 말고 꼭 다시 한 번 읽어보면서 그 뜻을 음미해보기 바란다.

월리엄 제임스도 거의 같은 말을 하고 있다.

"신앙은 인간이 살아가는 데 필요한 하나의 힘이다. 신앙이 전혀 없다는 것은 허탈을 의미한다."

이와 같은 사실에 대해서는 몇 천 명의 사람들이 같은 증언을 할 수 있다. 아마도 오늘날 정신병원에서 고래고래 고함을 지르며 괴로워하는 영혼도, 만일 그들이 혼자서 인생의 거친 파도를 타고 넘으려 하지 않고, 보다 높은 힘에 도움을 구하기만 했다면 그들도 구원을 받았을 것이다. 우리는 자기 자신의 힘의 한계에 도달하면 너무나 고통스러운 나머지, 대부분 절망하여 신의 힘에 매달린다. 일인용 참호에 무신론자는 없다.

《인간의 알려지지 않은 존재》의 저자 알렉시스 카렐 박사는 《리더스다이제스트》지에 이렇게 썼다.

기도는 인간이 일으킬 수 있는 가장 강한 형식의 에너지다. 그것은 지구의 인력처럼 현실적인 것이다. 의사로서 나는 수많은 사람들이 온갖 치료가 실패로 돌아간 뒤에 기도라는 엄숙한 노력에 의해 질병이나 우울에서 벗어난 예를 수없이 목격했다. 기도는 라듐처럼 빛나는 자기 발생 에너지원이다. 인류는 기도로써 자신이 갖고 있는 유한의 에너지를 증대시키기를 바란다. 우주를 회전시키는 무진장한 원동력에 우리를 연관시켜 그 힘의 일부가 우리의 필요에 배분되게 하는 것이다. 이렇게 함으로써 우리의 인간적 결함은 충족되고 강화되고 치유되어 일어서게 되는 것이다. 열렬한 기도는 우리의 정신과 육체를 보다 좋은 것으로 변화하게 한다. 얼마 되지 않는 순간의 기도조차도 반드시 어떤 좋은 결과를 기도한 사람에게 가져다주는 것이다.

바드 제독은 우주를 회전시키는 무진장한 원동력에 우리를 연관시킨다는 것이 무엇을 의미하는지 이해하고 있다. 그것을 해냄으로써 그의 생애 가장 곤란했던 시련을 헤쳐 나갔던 것이다. 그 사실을 그는 저서인 《혼자서》에서 이렇게 술회하고 있다.

1943년, 나는 남극의 오지인 로스 바리어의 만년빙 밑 오두막집에서 5개월이나 살았다. 그때 나는 남위 78도선 이남에서 유일한 생물이었다. 사나운 눈보라가 오두막집 위로 무섭게 휘몰아치고 있었다. 바깥 기온은 영하 82도까지 내려갔다.

나는 영원히 계속될 것만 같은 깊은 어둠으로 완전히 포위되어 있었다. 난로에서 일산화탄소가 새고 있다는 것을 알아차렸을 때는 이미 무서운 중독현상이 조금씩 일어나고 있을 때였다.

어떻게 할 것인가? 가장 가까운 구조대도 123마일이나 멀리 떨어져 있었다. 지금 출발한다 해도 몇 개월 뒤에나 도착할 것이었다. 나는 난로와 환기 장치를 수리했다. 하지만 가스는 여전히 조금씩 새고 있었다. 가끔 가스 중독 때문에 의식을 잃고 마루 위에 쓰러지는 일이 일어났다. 먹을 수도 없고 잘 수도 없고, 거의 침대를 떠날 수도 없을 정도로 몸이 쇠약해졌다. 다음날 아침까지 살 수 있을 것 같지 않아서 두려움에 떨 때도 자주 있었다. 어느덧 나는 이 오두막집에서 죽을 것이고 시체는 내리퍼붓는 눈에 파묻혀 버리고 말 것이라고 확신하기에 이르렀다.

나는 일기장을 꺼냈다. 그리고 이렇게 썼다.

"인류는 우주에서 고독하지 않다."

나는 하늘에서 빛나는 별자리, 유성 등의 규칙적인 운행에 대해 생각했다. 영원한 태양이 언젠가는 황량한 남극 지방의 구석구석까지 비쳐 주기 위해 돌아올 것이라는 생각이 들었다. 나는 일기장에 다시 썼다.

"나는 고독하지 않다."

지구 끝의 얼음 구덩이 속에 있으면서도 나는 고독하지는 않다는 것을 자각하자 나는 내 속에서 든든한 격려와 힘을 느꼈다. 그러한 자각이 나를 지탱해 주었던 것이다.

극히 소수의 사람들만이 살아가는 동안 그들 내부에 잠재해 있는 힘의 극한적인 한계점까지 쫓겨간다. 인간에게는 아직 사용되지 않은 깊은 힘의 우물이 있다. 리처드 바드는 주께 호소함으로써 이 힘의 우물을 길어내는 방법을 배웠고, 그 자원을 이용하는 방법을 배웠던 것이다.

왜 종교적 신념이 우리에게 평화와 불굴의 정신을 가져다주는 것일까? 윌리엄 제임스는 이렇게 대답했다.

"미친 듯 날뛰는 해면의 거친 파도도 대양의 밑바닥을 시끄럽게 하지는 못한다. 보다 크고 넓고 영구적인 현실에 발을 딛고 있는 사람에게 그의 개인적인 부침은 그다지 크게 영향을 미치지 못한다."

따라서 진실로 종교적인 사람의 마음은 평정으로 가득 채워져 있기 때문에 동요하지 않는다. 걱정과 불안을 느낀다면 임마누엘 칸트 말마따나 "왜 주에의 신앙을 받아들이지 않는가, 우리에게는 이러한 신앙이 필요하다." 그런데 왜 〈우주를 회전시키는 무한한 원동력〉에 우리 자신을 연결시키지 않는가?

당신이 완고하고 절대적인 회의론자라 해도 기도는 당신을 돕는다. 그것은 실용적인 것이기 때문이다.

실용적이란 무슨 뜻인가? 그것은 신자이든 신자가 아니든 간에 온갖 사람들이 공유하는 3가지의 지극히 근본적인 심리적 욕구를 성취하게 해 준다는 의미다.

1. 기도는 우리를 괴롭히고 있는 것이 무엇인지 정확하게 언어로 표현하게 한다. 앞에서도 말했지만 실체가 애매하고 뚜렷하지 않는 문제를 푸는 것은 불가능하다. 기도는 문제를 종이에 적어 보는 것과 비슷하다. 문제를 해결하고 싶다면 그것을 말로 표현해야 한다.
2. 기도는 우리에게 혼자가 아니라 누군가와 무거운 짐을 나누는 느낌을 준다. 우리의 괴로움이 너무나도 사적이어서 친척이나 친구에게도 털어 놓기 어려운 경우에도 기도는 도움이 된다.
3. 기도는 행동의 첫걸음이다. 날마다 무슨 일이든 그 성취를 기도하는 것은 반드시 어떠한 은혜를 입고 있거나, 적어도 성취를 향해 노력하고 있다는 증거이기 때문이다.

알렉시스 카렐 박사의 말처럼 기도는 인간이 일으킬 수 있는 가장 강력한 에너지이다. 그런데 왜 그것을 이용하지 않는가? 자연의 신비로운 힘이 우리를 지배하고 있는 한 그것을 신이라고 부르든 알라라고 부르든, 또는 정령이라 부르든, 그 정의를 가지고 다툴 필요는 없다.

지금 곧 이 책을 덮고 침실로 들어가서 문을 닫아라. 무릎을 꿇고 마음의 무거운 짐을 내려놓아라. 그리고 7백전 전에 성 프란시스가 쓴 아름다운 기도를 읽어라.

주여, 저를 당신의 평화의 도구 되게 하소서.

미움이 있는 곳에 사랑을,

증오가 있는 곳에는 용서를,

의혹이 있는 곳에는 믿음을,

절망이 있는 곳에는 희망을,

어둠이 있는 곳에는 빛을,

슬픔이 있는 곳에는 기쁨을 심게 하소서.

저는 위로하는 것처럼 위로 받기를 구하지 않고,

이해하는 것처럼 이해받기를 구하지 않으며,

사랑하는 것처럼 사랑받기를 구하지 않나이다.

줌으로써 받고,

용서함으로써 용서받고,

죽음으로써 태어난다는 것을 알기 때문입니다.

Part 6

비판에
대처하는 방법

1. 죽은 개를 걷어차는 사람은 없다

1929년, 미국 교육계에 커다란 파문을 일으킨 사건이 발생했다. 온 나라의 학자들이 그 사건을 직접 보기 위해 시카고로 몰려 들었다. 8년 전에 급사, 벌목 노동자, 가정교사, 빨랫줄 판매원 등을 하면서 예일 대학을 졸업한 로버트 허친스가 30세라는 젊은 나이에 시카고 대학 학장으로 취임한 것이다. 교육자들은 고개를 저었다. 세상의 이목이 이 젊은이에게 집중되었고, 너무 젊다, 경험이 없다, 그의 교육관은 한 쪽으로 치우쳐 있다, 이렇다, 저렇다, 신문, 잡지, 라디오 할 것 없이 요란한 비판이 쏟아졌다.

취임식이 거행되던 날, 그의 친구 하나가 로버트 허친스의 아버지에게 말했다.

"오늘 아침 신문 보셨어요? 허친스를 공격하는 사설이 실렸는데 정말 너무하더군요."

허친스의 아버지는 이렇게 대답했다.

"나도 봤네. 꽤 가혹하더군. 하지만 죽은 개를 걷어차는 사람은 없는 법이지."

그렇다. 죽은 개를 걷어차는 사람은 아무도 없다. 그리고 중요한 사람일수록 걷어차는 사람들은 더 큰 만족을 느낀다. 나중에 에드워드 8세가 된 영국의 황태자(지금의 윈저공)는 어린 나이에 이것을 체험했다. 데븐셔의 다아트스 대학(미국의 아나폴리스 해군 사관학교에 상당한다)에 다닐 때 그는 겨우 14세였다.

어느 날 어느 해군 장교가 울고 있는 황태자를 발견하고 왜 우는지 물었다. 그는 처음에는 대답하지 않았지만 자꾸 캐물었더니 해군 후보생들에게 엉덩이를 걷어 채였다고 대답했다. 교장은 후보생들을 모아놓고 황태자가 불평을 하는 것이 아니라, 다만 왜 자기가 이런 봉변을 당했는지 그 까닭을 알고 싶어 한다고 설명했다.

헛기침도 하고, 음, 어, 하며 어물어물 넘겨보려고도 하고, 방정맞게 다리를 까불며 딱한 처지를 면해 보려고 다들 딴청을 부리다가 마침내 후보생들은 하나씩 속마음을 털어 놓았다. 그들의 말에 의하면, 그들이 영국 해군의 사령관이나 함장이 되었을 때 '나는 옛날 우리 국왕을 걷어찬 일이 있다!'고 말하고 싶었기 때문이라는 것이었다.

그러므로 다른 사람에게 걷어채였다든지 비판을 받았을 때는, 당신을 걷어찬 사람이 그것으로 자기가 잘난 것 같은 느낌을 맛보고 있다는 것을 기억하는 것이 좋다. 그리고 그것은 당신이 무엇이든 남의 주목을 끌 만한 일을 하고 있다는 것을 뜻한다. 세상에는 자기들보다 높은 교육을 받은 사람들이나 성공한 사람들을 비난하면서 야만적인 만족을 느끼는 사람들이 굉장히 많다.

쇼펜하우어는 이에 대해 이렇게 말했다.

"비천한 사람들은 위인의 결점이나 어리석은 행동을 비난하는 것에서 엄청난 기쁨을 느낀다."

예일 대학의 학장을 천박하고 비열한 사람이라고 생각하는 사람은 아마 없을 것이다. 그러나 전 학장이었던 티모시 드와이트는 미합중국 대통령에 입후보한 사람을 비난하는 기쁨을 누리고 있었던 것 같다. 그는 이렇게 경고했다.

"만일 이 사람이 대통령에 당선되면, 우리의 아내나 딸은 공인 매춘 제도의 희생자가 되어 모욕 받고 타락하게 될 것이고, 우아함과 도덕으로부터 추방될 것이며, 하나님과 사람들에게 미움 받고 배척당할 것이다."

히틀러에 대한 탄핵인가? 아니면 다른 어떤 독재자? 아니, 그렇지 않다. 이것은 토머스 제퍼슨을 탄핵한 것이다. 설마 독립 선언을 기초했던 민주주의의 영원한 후원자는 아니겠지? 아니긴, 바로 그 토머스 제퍼슨을 탄핵한 것이다.

위선자, 사기꾼, 살인범보다 조금 나은 놈이라고 공공연히 욕을 얻어먹은 사람은 누구였을까? 어느 신문에서는 그를 단두대에 세워 놓고, 목을 베는 커다란 칼을 곁에 놓았으며, 군중이 욕설을 퍼부어 꾸짖는 만화를 게재했다. 누구였을까? 조지 워싱턴이다!

그것은 옛일이라고? 오늘날은 좀 달라졌을까?

페리 제독은 1907년 4월 6일, 개가 끄는 썰매로 북극에 이르러 세계를 깜짝 놀라게 한 탐험가이다. 북극이야말로 몇 세기에 걸쳐 용감한 사람들이 갖은 고초를 겪으면서, 생명을 잃으면서까지 이르려고 노력했던 곳이었다. 페리 자신도 추위와 굶주림 때문에 거의 죽을 뻔 했고, 그의 발가락 여덟 개는 극심한 동상 때문에 잘라 내야만 했다.

그런데도 워싱턴에 있는 그의 상관들은 페리가 인기를 독차지하고 있다는 생각에 분개했다. 그들은 그가 과학적 탐험을 한답시고 돈을 잔뜩 모금해 놓고 북극에서 빈둥거리고 있다며 그를 비난했다. 그들은 정말 그렇게 믿었는지도 모른다. 믿고 싶은 것을 믿지 않는 것은 불가능하니까. 페리의 모험을 저지하려는 그들의 결의는 대단한 것이었다. 그가 북극 탐험을 계속할 수 있었던 것은 맥킨리 대통령의 직접 명령 덕분이었다.

페리가 워싱턴 해군성에서 사무를 보고 있었어도 그렇게 비난을 받았을까? 아니다. 그런 일은 그들의 질투를 살 만큼 중요하지 않기 때문이다.

그랜트 장군은 북부를 기쁨에 들끓게 한 최초의 대승리를 거두었다. 반나절의 전투에 의한 승리, 그랜트를 국민의 우상으로 만든 승리, 멀리 유럽에까지 큰 반향을 일으키게 한 승리, 대서양 연안부터 미시시피 강에 이르는 모든 땅에 교회의 종을 울리게 하고 축하의 횃불을 들게 한 승리였다.

그런 북군의 영웅 그랜트는 대승리를 거둔 지 6주도 되기 전에 체포되어 군대의 지휘권을 박탈당했다. 그는 굴욕과 절망 속에서 오열했다. 그랜트 장군은 왜 그 승리의 절정에서 체포되었는가? 가장 중요한 이유는 그가 오만한 상관들의 질투와 선망을 불러 일으켰기 때문이다.

비판에 대처하는 방법 1

죽은 개를 발로 걷어차는 사람은 아무도 없다.
부당한 비난은 오히려 찬사라는 사실을 기억하라.

---

2. 비판에 상처받지 마라

날카로운 눈, 지옥의 마귀라는 별명을 가진 스메들리 버틀러 소장을 인터뷰한 적이 있다. 미국 해병대 역사상 가장 화려하고 영웅적인 삶을 살았던 바로 그 사령관 말이다.

젊었을 때는 버틀러 소장도 유명해지고 싶었고 세상 사람들에게 좋은 평판을 받고 싶었다. 그래서 극히 사소한 비판에도 신경이 날카로워졌고 예민하게 반응했다. 하지만 30년 동안의 해병대 생활은 그를 강인하게 만들었다.

"나는 정말 욕을 많이 먹었습니다. 비난과 질책이 쏟아졌고 수없이 모욕을 당했죠. 겁쟁이, 독사, 스컹크, 온갖 나쁜 수식어는 다 갖다 붙이더라고요. 전문가라는 사람들에게 형편없는 말을 듣기도 했어요. 영어로 할 수 있는 모든 욕설을 다 들은 것 같아요. 억울하냐고요? 하, 요즘은 누가 나한테 욕을 퍼붓는 소리가 들려도 돌아보지도 않습니다."

버틀러 소장은 이제 비판에 대해서는 도통한 모양이다. 우리도 그래야 한다. 우리는 사소한 비난이나 조롱을 너무 심각하게 받아들인다. 몇 년 전에 〈뉴욕 선〉지의 기자가 나의 강좌에 관해 풍자적인 기사를 쓴 일이 있었다. 분개했느냐고? 물론이다. 나는 그것을 개인적인 모욕이라고 생각했고, 〈뉴욕 선〉지의 운영위원회 의장인 길 호지스에게 전화를 걸어, 조소가 아닌 사실을 쓰라고 따졌다.

지금 나는 그 행동을 부끄럽게 생각한다. 구독자의 반 이상은 그 기사를 읽지 않았을 것이고, 읽었다 해도 몇 주 안에 깨끗이 잊어버렸을 것이다. 사람들은 남의 일에 무관심하다. 다른 사람이 죽었다는 뉴스보다 자신의 가벼운 두통에 대해 천 배나 더 마음을 쓰고 있는 것이다.

다른 사람이 나를 부당하게 비판하는 것을 막을 수는 없다. 하지만 우리는 그보다 훨씬 더 중요한 일을 할 수 있다. 우리는 부당한 비판들이 우리를 흔들도록 내버려 둘지 말지를 결정할 수 있는 것이다. 이것은 굉장히 중요한 일이다. 모든 비판을 무시하라는 뜻이 아니다. 오직 부당한 비판만을 무시하라는 것이다.

나는 일찍이 엘리너 루즈벨트 여사에게 수많은 부당한 비판들을 어떻게 처리하는지 물어 보았다. 백악관에서 살았던 여성 가운데 그녀만큼 열렬한 지지자와 맹렬한 적을 많이 가지고 있던 사람은 없었을 것이다.

어렸을 때 나는 거의 병적일 정도로 내성적이었어요. 다른 사람들이 나 없는 데서 나에 대해 뭐라고 할지 몰라 두려워할 정도였죠. 그래서 어느 날 고모, 그러니까 시어도어 루즈벨트의 누나에게 조언을 구했어요.

"고모, 저는 이런 일도 해보고 싶고 저런 일도 해보고 싶은데 사람들이 뭐라고 할까 봐 무서워요."

고모는 제 눈을 똑바로 보면서 말했어요.

"네가 하고 싶은 일을 해. 스스로 옳다고 믿는다면 다른 사람들이 뭐라고 하든 신경 쓰지 마."

고모의 이 짧은 조언은 나중에 제가 백악관의 여주인이 되었을 때 든든한 정신적 지주가 되었어요. 세상을 살면서 온갖 비판을 피할 수 있는 유일한 방법은 드레스덴에서 만든 도자기 인형처럼 선반 위에 가만히 앉아 있는 것뿐이죠. 그러니 옳다고 생각하는 일을 하세요. 해도 욕을 먹고 하지 않아도 욕을 먹죠. 어차피 비판은 피할 수 없으니까요.

매슈 C. 브러시가 아메리칸 인터내셔널 사의 회장으로 있을 때, 나는 그에게 비판에 마음을 쓰는지 물어 보았다.

그랬죠. 젊었을 때는 무척 마음을 썼죠. 내 회사의 모든 직원들에게 나는 완벽한 인물로 인정 받고 싶었고 나를 비판하는 모든 사람들에게 신경을 썼습니다.

하지만 나를 비판하는 어떤 사람을 감싸 안으려고 하자 다른 사람들이 들고 일어나더라고요. 그래서 그 사람들과 타협하려고 하자 이번에는 또 다른 무리들이 불쾌해 하는 거예요. 나는 마침내 개인적인 비판을 피하기 위해 사람들을 달래거나 타협하려고 노력할수록 오히려 적이 더 늘어난다는 것을 깨달았습니다. 그래서 다짐했죠. "사람들 사이에서 비판을 피하는 것은 불가능하다. 그러니 더 이상 마음을 쓰지 말자."

이 생각은 아주 놀라울 정도로 효과적이었어요. 그때부터 나는 최선을 다해 일하고, 비판이라는 이름의 비가 제 목덜미로 흘러내리지 않도록 낡은 우산이라도 쓰자는 규칙을 세웠습니다.

딤즈 테일러는 여기서 한 걸음 더 나아가, 비평이라는 비를 목덜미에서 툭툭 털어버리면서 유쾌하게 웃어 보였다. 그가 뉴욕필 하모니 오케스트라의 토요일 오후 라디오 콘서트 시간에 해설을 하고 있을 때였다. 어느 부인이 그에게 보낸 편지를 받았는데, 그를 거짓말쟁이, 배신자, 독사, 백치라고 욕하는 내용이었다.

테일러는 다음 주 방송 시간에 수백만의 청취자에게 그 편지를 읽어주었다. 그러자 며칠 뒤에 그 부인에게서 또 편지가 왔다. 그래봤자 그가 거짓말쟁이, 배신자, 독사, 정신박약자, 저능아라는 자기 생각에는 조금도 변함이 없다는 내용이었다.

테일러는 이에 대해 이렇게 가볍게 말했다.

"아마 내 이야기가 마음에 안 드셨나 봅니다."

황당하고 터무니없고 악의 가득한 비난에 대해 이런 태도를 취할 수 있다니 감탄하지 않을 수 없다. 그의 평정하고 자신만만한 자세와 유머에 경의를 표하는 바이다.

찰스 슈왑은 프린스턴 대학 연설에서 자신의 제철소에서 일하던 늙은 독일인 이야기를 해주었다.

그때 제철소에서는 열띤 논쟁이 벌어졌습니다. 전쟁 중에 맹렬한 전쟁 논쟁은 정말 위험하죠. 흥분한 다른 노동자들이 그 독일 노인을 강에 던져버렸어요. 그가 진흙과 물을 잔뜩 뒤집어쓰고 내 사무실에 나타났기에 그 사람들에게 따끔하게 한마디 해줬냐고 물었더니 그가 이러더군요.
"그냥 웃어주었죠, 뭐."
슈왑은 그날부터 '그냥 웃어라'를 좌우명으로 삼았다고 말했다. 이 좌우명은 우리가 부당한 비판의 희생자가 되었을 때 특히 도움이 될 것이다. 그냥 웃어버리는 사람에게 더 이상 뭐라고 말할 수 있겠는가?
링컨이 만약 그에게 던져지는 신랄한 비난에 일일이 대꾸하는 것이 어리석다는 것을 깨닫지 못했다면, 그는 아마도 남북전쟁의 긴장감과 과로 때문에 쓰러지고 말았을 것이다. 링컨은 이렇게 말했다.

"나에게 쏟아지는 모든 공격에 대해 대답은 고사하고 읽기라도 하려고 생각했다면 다른 일은 아무것도 할 수 없었을 것이다. 나는 내가 할 수 있는 최선을 다했고 끝까지 그렇게 할 것이다. 결과적으로 내가 옳다면 사람들이 그동안 나에게 뭐라고 비판했든 전혀 문제가 되지 않는다. 하지만 만약 내가 틀렸다면 10명의 천사가 나를 감싸준다 해도 아무 소용이 없다."

비판에 대처하는 방법 2

최선을 다하라. 그리고 낡은 우산을 펴서 비판의 비가 목덜미로 흘러내리지 않게 하라.

---

3. 내가 저지른 어리석은 일들

나는 내가 지금까지 해 온 어리석은 행동을 기록한 서류를 따로 보관하고 있다. 만일 내가 나 자신에 대해 매우 정직했다면 메모는 얼마나 많아졌을지 모를 일이다.

3000년 전에 이스라엘의 사울 왕이 했던 말에 나는 전적으로 공감한다.

"어리석도다! 나는 참으로 많은 잘못을 저질렀도다."

어려운 문제에 직면했을 때 내가 나 자신에 대해 쓴 비판을 꺼내 다시 읽어 보는 것은 무척 큰 도움이 된다.

젊었을 때 나는 내 문제들을 흔히 남의 탓으로 돌렸다. 이제 나이를 먹어 감에 따라 바라건대 점점 더 지혜로워지면서 내가 겪는 모든 불행은 결국 내 탓이라는 것을 깨달았다. 모든 원인이 궁극적으로는 나에게 있는 것이다. 다른 사람들도 대개 나이를 먹어감에 따라 그것을 깨닫는다.

나폴레옹도 센트 헬레나에서 이렇게 말했다.

"나의 몰락은 다른 누구의 탓도 아니다. 바로 나 자신이 가장 큰 적이었고 내 비참한 운명의 원인이었다."

내가 아는 사람 중에 자기 평가와 자기 통제에 있어서 거의 예술가의 경지에 이른 사람이 있다. 그의 이름은 H. P. 하우엘이다. 1944년 7월 31일에 그가 뉴욕 엠배서더 호텔의 약국에서 급사했다는 뉴스가 보도되었을 때 월가는 깜짝 놀랐다. 그는 미국 재계의 리더였기 때문이다. 그는 커머셜내셔널뱅크&트러스트 컴퍼니의 회장이자, 몇몇 큰 회사의 이사였다.

그는 정식 교육은 조금밖에 받지 못했다. 시골 상점 점원으로 시작하여 U. S. 스틸의 회사 판매 지배인으로 차츰 지위와 세력을 얻었다. 내가 성공 비결을 물었을 때 그는 이렇게 대답했다.

"내 가족은 토요일 밤의 스케줄에서 나는 아예 빼놓습니다. 토요일 밤은 내가 한주 동안 일어난 일을 검토하고 평가하는 시간이라는 걸 알고 있었기 때문이죠. 저녁 식사를 하고 나서 스케줄 노트를 펼쳐 놓고 월요일 이후에 일어난 온갖 면접과 토론과 모임에 대해 검토하면서 자문합니다.

그때 어떤 잘못을 저질렀는가? 어떤 옳은 일을 했는가? 어떻게 하면 내가 한 일을 개선할 수 있었을까? 그 경험으로 어떤 교훈을 배울 수 있을까?

처음에는 이렇게 검토할 때마다 정말 절망적인 기분이 들어서 견디기 힘들었어요. 내가 저지른 얼빠진 실수들을 분명히 들여다

보는 건 참 힘든 일이거든요. 하지만 해가 지날수록 실패는 점점 줄어들었어요. 이런 자기 분석법으로 같은 실수를 되풀이하지 않게 된 거죠. 내가 지금까지 시도한 방법 가운데 이것보다 더 도움이 된 건 없습니다.

H. P. 하우엘은 아마도 벤자민 프랭클린에게서 이 아이디어를 배운 것 같다. 프랭클린은 다만 토요일 밤까지 기다리지 않았을 뿐이다. 벤저민 프랭클린은 매일 밤 자기반성을 했다. 그는 13가지의 중대한 과실을 발견했다. 그 가운데 가장 중요한 3가지는 시간을 낭비한 것, 사소한 일에 마음을 쓰고 괴로워한 것, 사람들과 논쟁하거나 반박한 것이었다. 현명한 프랭클린은 그러한 문제점을 극복하지 않으면 더 이상 발전할 수 없다는 것을 깨달았다. 그는 1주일에 1개씩 결점을 극복하려고 노력했다. 첫째 주에 첫 번째 결점을, 둘째 주에 두 번째 결점을, 셋째 주에 세 번째 결점을 극복하는 식으로 2년을 계속했다. 그렇다면 그가 미국에서 가장 사랑받고 영향력 있는 인물이 된 것이 놀랄 일도 아니지 않은가?

엘버트 허버드는 말했다.

"누구나 하루에 적어도 5분 동안은 진짜 바보가 된다. 지혜란 그 한계를 넘지 않는 것이다."

어리석은 사람은 사소한 비판에도 화를 내지만, 현명한 사람은 자기를 비난하고 공격하는 사람에게서도 배운다.

월트 휘트먼은 그것을 다음과 같이 설명했다.

"당신을 칭찬하고 편들어주는 사람에게서만 교훈을 배우려 하는가? 당신을 거부하고 이기려고 하는 사람들에게서 왜 귀중한 교훈을 배우지 못하는가?"

누가 당신에게 바보 같은 놈이라고 욕설을 퍼부었다면 당신은 어떻게 하겠는가? 링컨은 이렇게 했다.

링컨은 어떤 이기적인 정치가의 요구에 따라 연대 이동 명령에 서명했다. 에드워드 스탠턴은 대통령의 명령을 거부했을 뿐만 아니라 그런 명령에 서명한 링컨을 지독한 바보라고 욕했다. 어떻게 됐을까? 스탠턴의 말을 전해들은 링컨은 평온하게 말했다.

"스탠턴이 나를 바보라고 말했다면 나는 바보일 거야. 그 사람은 거의 언제나 옳으니까. 가서 직접 확인해야겠군."

링컨은 스탠턴을 찾아갔다. 스탠턴은 그 명령이 왜 잘못된 것인지 설명했고 링컨은 명령을 철회했다. 링컨은 전문적인 지식에 바탕을 둔 호의적이고 성실한 비판을 얼마든지 기꺼이 받아들이는 사람이었던 것이다.

우리도 이런 종류의 비판은 환영해야 한다. 시어도어 루즈벨트도 백악관에 있을 때 4번 가운데 3번 이상 옳기를 바랄 수는 없다고 말했다. 현대의 가장 심오한 사상가로 일컬어지는 아인슈타인조차 자기가 내린 판단의 99퍼센트는 틀린 것이었다고 고백했다!

라로슈푸코는 이렇게 말했다.

"적의 의견은 그것이 우리에 관한 것인 한, 우리의 의견보다 진실에 가깝다."

나는 대개의 경우 이 말이 맞다는 것을 알고 있다. 그런데도 누군가 나를 비판하기 시작하면 나는 어느새 자동 방어 태세를 취하고 만다. 그럴 때마다 스스로에게 얼마나 정이 떨어지는지!

누군가 나를 비난할 때 자신을 변호하지 않겠다고 다짐하라. 그것은 어리석은 이가 하는 짓이다. 우리는 보다 독창적으로 겸허하고 훌륭하게 행동하자! 만약 그 사람이 내가 가진 다른 온갖 결점을 알고 있었다면 얼마나 더 통렬하고 혹독하게 비난했을 것인지 생각해 보는 것이다!

비판에 대처하는 방법 3

당신이 저지른 어리석은 짓을 기록하고 반성하라.

우리는 완벽하지 않다는 것을 기억하라.

Part 7

활력을 높이는
7가지 방법

1. 하루에 1시간을 더하는 방법

피로는 불안, 걱정, 두려움 같은 부정적인 감정에 대한 저항력을 떨어뜨린다. 그러므로 피로하지 않게 예방하는 것은 불안한 심리를 막는 데 필수적인 조건이다. 피로와 걱정을 예방하는 제1법칙은 가끔 휴식할 것, 피로하기 전에 휴식하는 것이다.

피로는 놀라운 속도로 축적된다. 미합중국 육군은 여러 번 시험한 결과 오랫동안의 군대 훈련으로 단련되어 있는 병사들도 1시간에 10분씩 배낭을 내려놓고 휴식하는 편이 행군도 더 잘 되고 지구력도 강해진다는 사실을 알았다.

인간의 심장은 매일 마치 1미터 높이의 굴착 플랫폼 위로 20톤의 석탄을 퍼 올리듯 에너지를 온몸에 실어 나른다. 이 믿을 수 없을 정도의 중노동을 50년, 70년, 90년이나 하는 것이다. 심장은 어떻게 그것을 견딜 수 있을까? 하버드 의대의 월터 캐논 박사의 설명을 들어보자.

"사람들은 대개 심장이 잠시도 쉬지 않고 계속 일하고 있다고 생각하지만, 실제로는 일정하게 쉬는 시간이 있습니다. 심장이 평균적으로 1분에 70회 뛴다고 하면, 실제로 작동하는 것은 24시간 중에서 겨우 9시간 뿐입니다. 결국 심장은 하루에 15시간씩 쉬는 셈이죠."

제2차 세계대전 당시 윈스턴 처칠은 60세 후반에서 70세 초반의 나이였지만 전쟁 기간 동안 하루에 16시간씩 일하며, 영국의 군사 작전을 지휘했다. 어떻게 그럴 수 있었을까?

처칠은 아침 11시까지는 침대에 누운 채로 보고서를 읽고 명령하고 전화로 중요한 회의를 주관했다. 점심 식사 후에는 다시 1시간 동안 낮잠을 잤다. 저녁이 되면 다시 침대로 가서 저녁 식사 시간인 8시까지 2시간 동안 잤다. 그는 피로를 회복한 것이 아니라 예방한 것이다. 피로가 쌓이기 전에 수시로 휴식을 취하여 발랄하고 기운차게 깊은 밤까지 일할 수가 있었던 것이다.

존 록펠러는 놀라운 기록을 2개나 세웠다. 하나는 그의 시대에 일찍이 그 유례를 찾아볼 수 없을 정도의 거부가 되었다는 것이고, 또 다른 하나는 98세까지 살았다는 것이다. 비결이 무엇일까?

가장 중요한 이유는 물론 그가 장수할 수 있는 유전자를 물려받은 덕분일 것이다. 하지만 또 다른 중요한 이유는 매일 낮 12시에 사무실에서 30분씩 낮잠을 자는 습관 덕분일 것이다. 그는 매일 사무실 소파에 누워서 30분씩 잤는데 그가 낮잠을 자고 있는 동안에는 미국 대통령이 전화해도 통화할 수 없었다.

《왜 피로한가?》에서 대니얼 W. 조슬린은 이렇게 말했다.

휴식은 아무것도 하지 않는 것을 의미하는 것이 아니다.
휴식은 치료다.

아주 짧은 시간 동안의 휴식이라도 그 치유력은 정말 대단해서 단 5분만 낮잠을 자도 피로를 예방하는 효과가 있다고 한다. 정말 놀랍지 않은가?

12년이나 백악관에서 그토록 힘든 영부인 역할을 어떻게 해낼 수 있었느냐고 질문하자 엘리너 루스벨트는 이렇게 대답했다.

"정말 많은 사람들과 만나야 했죠. 그래서 회견이나 연설을 앞두었을 때는 의자나 소파에 앉아 눈을 감고 20분씩 휴식하는 규칙을 정해두었어요."

최근에 딘 오틀러와 회견하기 위해 매디슨 스퀘어 가든의 휴게실로 가보니 그곳에는 소박한 간이침대가 놓여 있었다.

"휴식 시간에 매일 여기 누워 1시간씩 잡니다. 할리우드에서 영화를 제작할 때도 큼직한 안락의자에서 30분가량 자곤 했어요. 그렇게 하면 완전히 기운이 되살아나거든요."

에디슨은 자신의 놀라운 에너지와 지구력은 자고 싶을 때 자는 습관 덕분이라고 말했다. 헨리 포드의 80세 생일 직전에 그를 인터뷰하기 위해 만났을 때 그가 너무 젊고 활기 넘쳐 보여서 깜짝 놀라 그 비결을 물었더니 그는 이렇게 대답했다.

"나는 앉을 수 있을 때 절대로 서 있지 않고, 누울 수 있을 때 결코 앉아 있지 않습니다."

할리우드의 영화감독인 잭 채트리크에게 그런 방법을 써보라고 권한 적이 있었는데, 다시 만났을 때 그는 기적이 일어났다고 고백했다.

몇 년 전에 나를 만나러 왔을 때 그는 메트로 골드윈 메이어 영화사의 단편부 부장이었는데 몹시 지쳐 있었다. 그는 기력회복에 좋다는 온갖 치료를 다 받아보고, 강장제며 비타민제를 비롯한 온갖 약을 먹었지만 별 효과가 없었다. 나는 그에게 매일 1시간씩 낮잠을 자라고 권했다. 그리고 사무실에 안락의자를 가져다 놓고 틈만 나면 누워서 쉬고, 되도록 몸을 편하게 하라고 권했다. 2년 뒤 다시 그를 만났을 때 그는 이렇게 말했다.

"기적이 일어났어요. 주치의가 그렇게 말했다니까요. 전에는 단편영화를 구상하거나 의논할 때 몸을 굳히고 앉아 있었는데, 지금은 안락의자에 거의 누워서 해요. 요 20년 동안 이렇게 기운이 팔팔했던 적이 없어요. 전보다 2시간이나 더 많이 일하는데도 피로한 줄 모르겠다니까요."

하지만 당신에게도 이것을 적용할 수 있을까? 만약 당신이 속기사라면 에디슨처럼 아무 때나 낮잠을 잘 수 없을 것이고, 회계사라면 안락의자에 누워서 부장에게 회계 보고를 할 수 없을 것이다. 하지만 점심 시간에 점심 식사를 한 다음 10분 쯤 낮잠을 잘 수는 있지 않을까?

조지 C. 마샬 장군은 그렇게 했었다. 그는 전시 중에 군대를 지휘하는 데 너무 바빴기 때문에 정오에는 반드시 휴식을 취할 필요가 있었다.

만약 당신이 50세가 지났는데도 그럴 겨를이 없다면 재빨리 생명 보험에 최대한 많이 들어야 한다. 요즈음 장례식 비용도 싸지 않고 갑작스럽게 죽는 일도 많다. 당신의 부인은 보험금을 받아 젊은 사람과 재혼하기를 원하고 있을지도 모른다.

만약 점심 식사 후에 낮잠을 잘 수가 없다면 저녁 식사 전에라도 잠깐 누울 수 있도록 마음을 쓸 일이다. 그것은 커피 1잔보다 싸고 스트레칭을 하는 것보다 5467배나 더 효과적이다. 게다가 깨어 있는 일상에 1시간 덧붙인 셈이 된다. 왜? 어째서? 왜냐하면 낮잠 1시간 + 야간 6시간의 수면은 밤에 8시간 자는 것보다 훨씬 더 효과적이기 때문이다.

육체노동자의 경우에도 많이 쉴수록 더 많이 일할 수 있다. 프레드릭 테일러는 베들레헴 제철소에서 기술관리 엔지니어로 일할 때 이런 사실을 증명했다.

노동자들은 매일 1인당 12.5톤의 선철을 화물차에 싣는 작업을 했는데, 정오쯤에는 완전히 녹초가 되어 버렸다.

테일러는 온갖 피로 요소를 과학적으로 연구한 결과, 노동자들의 하루 적정량은 12.5톤이 아니라 47톤이라고 단언했다. 지금까지의 하루 적정량의 약 4배나 되는 작업을 시켜도 지치지 않는다는 것이었다. 어떻게?

테일러는 슈미트라는 사람을 지목해서 스톱 위치에 맞춰 일하도록 했다. 슈미트는 스톱 위치를 들고 있는 사람의 지시대로 일했다.

선철을 옮기세요. (…) 앉아서 쉬세요. (…) 옮기세요. (…) 쉬세요. (…)

어떻게 됐을까? 다른 사람들이 12.5톤을 나르는 동안 슈미트는 47톤의 선철을 날랐다. 그는 1시간 동안에 약 26분 일하고 34분 쉬었다. 일하는 시간보다 쉬는 시간이 많았지만 다른 사람들보다 일은 거의 4배나 더 했다. 그가 그렇게 할 수 있었던 이유는 지치기 전에 쉬었기 때문이다. 의심스럽다면 프레드릭 윈슬로 테일러의《과학적 경영법》을 한 번 읽어 보기 바란다.

다시 한 번 강조하지만 건강하고 활력 넘치게 살고 싶다면 자주 휴식하라. 당신의 심장이 그렇게 하는 것처럼 피곤해지기 전에 쉬어라.

점심 시간에 10분씩이라도 낮잠을 자라. 그러면 당신이 깨어 있는 일상은 1시간씩 더 길어질 것이다.

2. 피로에 대처하는 방법

놀랍고도 중요한 사실을 하나 알려주겠다. 정신적 작업만으로는 사람은 지치지 않는다는 사실이다!

밀기 어렵겠지만 사실이다.

몇 년 전에 과학자들은 사람의 두뇌가 피로를 느끼지 않고 얼마나 오랫동안 일할 수 있는지, 그러니까 과학적 정의로 '근무 한계 범위'를 알아보는 실험을 했는데, 놀랍게도 뇌 활동이 활발하게 일어나는 동안에는 뇌를 통과하는 혈액에서 전혀 피로물질이 나타나지 않는다는 것을 발견했다. 육체노동자가 일하는 동안에 채취한 혈액에는 피로독소와 피로물질이 가득하지만, 엘버트 아인슈타인 같은 사람의 뇌에서 채취한 피에는 하루 일과를 마칠 즈음에도 피로독소가 나타나지 않는다는 뜻이다.

뇌에 관한 한 8시간 혹은 12시간을 일한 뒤에도 처음과 마찬가지로 제대로 활발하게 활동한다. 뇌는 전혀 지치지 않는 것이다. 그렇다면 무엇이 사람을 지치게 하는가?

심리학자들은 우리가 느끼는 피로한 증상의 대부분은 우리의 정신적, 감정적 태도에 원인이 있다고 단언하고 있다. 영국의 유명한 심리학자 J. A. 해드필드는 그의 저서《힘의 심리학》에서 이렇게 말하고 있다.

우리를 괴롭히는 피로 증상은 대부분 정신적 원인에서 오는 것이 많고, 전적으로 육체적 원인에서 오는 피로 증상은 극히 드물다.

미국의 심리학자인 A. A. 브릴 박사는 이보다 한 걸음 더 나아가 극단적으로 표현하고 있다.

앉아서 일하는 건강한 사람들이 느끼는 피로는 100퍼센트 심리적 요인에서 비롯된다. 이것은 곧 피로가 감정적인 요인에서 생긴다는 것을 의미한다.

어떤 종류의 감정적인 요소가 앉아서 일하는 사람들을 피곤하게 하는 것일까? 기쁨? 만족? 그럴 리가! 절대로 그건 아니다. 지루함, 분노, 정당하게 평가 받지 못한다는 기분, 초조, 불안, 걱정과 같은 감정적인 요인들이 사무실에서 일하는 사람들을 피곤하게 만들고 쉽게 감기에 걸리게 하며 생산성을 줄이고 신경성 두통을 느끼게 하는 것이다. 이런 감정들이 몸속에서 신경성 긴장을 유발하기 때문에 우리는 피로해지는 것이다.

메트로폴리탄 생명보험사는 피로에 관한 작은 책자 속에서 이 사실을 분명하게 지적하고 있다.

열심히 일한 데서 오는 피로는 대개의 경우 충분한 수면이나 휴식으로 회복된다. (…) 잘 자고 푹 쉬었는데도 풀리지 않는 피로의 3대 원인은 걱정, 스트레스, 감정적인 불안이다. 가끔 신체적, 정신적인 업무가 피로 요인인 것처럼 보이는 경우라도 알고 보면 이 3가지가 원인인 경우가 많다. (…) 편하게 푹 쉬어라! 중요한 순간을 위해 에너지를 축적하라.

지금 곧 하던 일을 멈추고 자신을 진단해 보라. 지금 얼굴을 찌푸리고 있는가? 미간을 찡그리고 있는가? 허리를 잔뜩 구부리고 책상을 들여다보고 있는가? 어깨를 구부리고 있는가? 표정이 굳어 있는가? 잠깐이라도 당신의 온몸을 오래된 헝겊 인형처럼 축 늘어뜨리고 편안하게 쉬어라.

신경이 극도로 피곤할 때는 어떻게 해야 할까? 첫째도 휴식, 둘째도 휴식, 셋째도 휴식이다! 일을 하면서도 휴식하는 방법을 배워라!

물론 이건 쉬운 일은 아니다. 그러려면 아마 당신은 평생의 습관을 바꿔야 할 것이다. 하지만 노력할 가치는 있다. 그것으로 당신의 일생이 완전히 달라질 수도 있으니까. 윌리엄 제임스는《휴식의 찬가》라는 제목의 에세이 속에서 다음과 같이 말했다.

사람들의 과도한 스트레스, 들쑥날쑥한 기분, 숨 막힘, 격렬함, 고통스러운 표정들은 그저 나쁜 습관일 뿐이고 그 이상도 그 이하도 아니다. 스트레스는 습관이다. 휴식도 습관이다. 나쁜 습관은 고칠 수 있고 좋은 습관은 만들 수 있다.

어떻게 긴장을 풀까? 마음을 편안히? 아니면 신경을 느긋하게? 아니다. 언제나 근육을 편안하게 푸는 것으로 시작해야 한다!

어떤 식으로 하는지 한 번 해 보자. 먼저 눈부터 시작하자. 눈을 감고 조용히 당신의 눈을 향해 이렇게 말하라.

'쉬어. 긴장하지 말고, 찡그리지 말고 쉬어.'

1분 동안 조용히 아주 느리게 이 말을 되풀이하는 동안 당신은 눈 근육은 당신의 말에 따르기 시작한다.

당신은 언제 어디에 있든 틈틈이 쉴 수 있다. 하지만 그냥 쉬는 것으로는 부족하다. 휴식은 모든 긴장을 제거하고 가장 편안한 상태에 들어가는 것이다. 먼저 눈과 얼굴의 근육을 풀어주는 것부터 시작하자. 얼굴 근육에서 나온 에너지가 몸 가운데로 흘러가는 것을 느껴보자.

가장 중요한 기관은 눈이다. 눈은 신체가 소비하고 있는 온 신경 에너지의 4분의 1을 소비하고 있기 때문이다. 수많은 사람들이 눈의 피로에 시달리고 있는 이유도 바로 여기에 있다. 사람들은 눈을 혹사시키고 있는 것이다.

다음은 휴식을 취하는 3가지 방법이다.

1. 틈 날 때마다 몸을 헌 양말처럼 축 늘어뜨리고 쉬어라.
2. 최대한 편안한 자세로 일해라.
3. 하루에 4~5회 자신에게 물어라. 원래 해야 하는 것보다 일을 더 힘들게 하고 있는 건 아닌가? 일과 관련 없는 근육을 쓰고 있는 건 아닌가?

3. 피로를 잊고 젊음을 유지하는 방법

1930년 당시 윌리엄 오슬러 경의 제자였던 조셉 프래트 박사는 보스턴 진료소를 찾아오는 환자들 가운데 아주 많은 사람들이 신체적으로 아무 이상이 없는데 실제로는 온갖 질병의 증상을 나타내고 있는 것을 보았다. 어떤 여성은 관절염으로 손이 몹시 구부러져 있었고, 어떤 부인은 위암의 징후가 있어 걱정하고 있었으며, 그밖에도 등이 아픈 사람, 두통, 만성적인 피로감, 막연한 통증을 호소하고 있었다. 그런데 문제는 아무리 철저하게 검사를 해봐도 신체적으로는 아무 이상이 없다는 것이었다.

프래트 박사는 환자들에게 아무 이상 없으니 집으로 돌아가서 그냥 잊어버리라고 말해도 소용없다는 사실을 깨달았다. 그렇게 쉽게 사라질 고통이라면 병원을 찾지도 않았을 것이다. 그래서 그는 치료 교실을 시작했다.

치료 교실의 효과는 대단했다. 개설된 이래 18년 동안 몇 천 명의 환자들이 참여하여 완쾌된 것이다.

이동성 신장병과 어떤 심장질환을 앓고 있는 부인이 있었다. 그녀는 너무나 걱정스러운 나머지 때때로 눈앞이 캄캄해지면서 앞이 보이지 않을 정도였다. 그러던 그녀가 그 치료 교실 덕분에 지금은 마음이 차분해져서 쾌활하고 건강하게 살고 있다. 그녀는 다음과 같이 말했다.

"가정불화 때문에 너무 괴로워서 차라리 죽어 버리고 싶을 정도였습니다. 그런데 이 치료 교실에 다니면서 괴로워해도 소용없다는 것을 깨달았고, 괴로워하지 않는 방법을 알게 됐습니다. 덕분에 지금은 정말로 평온하게 살고 있습니다."

치료 교실의 로즈 힐퍼딩 박사는 걱정을 줄이는 가장 좋은 방법은 정화법이라고 말했다.

누군가 믿을 수 있는 사람에게 걱정을 털어 놓는 방법이에요. 환자들은 여기에 와서 지금 걱정하고 있는 것, 괴로워하고 있는 일들에 대해서 자세히 이야기합니다. 혼자 걱정하면서 계속 마음속에 품고만 있으면 결국 신경이 곤두서게 되고 긴장하게 되죠. 우리는 걱정을 서로 나누어야만 합니다. 이 세상에 내 걱정을 들어 주고 이해해 주는 사람이 있다는 것을 느껴야만 해요.

정신 분석은 어느 정도까지는 말의 치유력을 토대로 하고 있다. 프로이트 이래로 정신 분석학자들은 환자들이 걱정을 다른 사람에게 이야기하는 것만으로도 내면의 고통에서 벗어날 수 있다는 사실을 알게 되었다. 아마도 말을 하면서 스스로 자신의 문제점에 대해 정확하게 알게 되고 더 잘 이해하게 되기 때문일 것이다. 말을 한다고 해서 걱정하고 있는 문제가 해결되는 것은 아니지만 마음속에 있던 부정적인 감정을 말로 표현하면 편안한 기분이 든다는 것은 누구나 알고 있을 것이다.

고민을 말로 털어놓는 것 말고 집에서 활용할 수 있는 방법도 몇 가지 있다.

1. 영감을 얻을 수 있는 자기만의 노트나 스크랩북을 준비하라. 그 속에 당신을 기분 좋게 해주는 시, 짤막한 기도, 인용문을 발견할 때마다 붙여 넣어라.

2. 다른 사람의 결점에 지나치게 집착하지 마라. 당신의 남편이 절대로 완벽하지 않다는 것을 인정하라. 그가 완벽한 성인군자였다면 당신과 결혼하지도 않았을 것이라고 생각하라. 혹시 남편을 잘못 만났다는 생각이 들거든 남편의 좋은 점을 하나씩 기록해 보라. 생각해 보면 꽤 많이 찾아낼 수 있을 것이다. 그리고 마침내 역시 내 남편이라는 사실을 깨닫게 될 것이다.

3. 이웃 사람들에게 관심을 가져라. 당신과 같은 동네에서 사는 사람들에 대해 우호적이고 건강한 관심을 가져라.

매우 배타적인 어떤 부인은 길에서 마주치는 이웃 사람들에 대해 무엇이든 이야기를 만들어 보라는 치료법을 권고 받았다. 그래서 그녀는 길에서 만난 동네 사람들에 대해서 성격이 어떨지, 생활방식은 어떨지, 환경은 어떨지, 무엇을 좋아할지 등을 상상하기 시작했다. 그러자 그 사람을 다음에 다시 보았을 때는 왠지 친근하게 느껴졌고 지금은 남과 사귀기를 좋아하는 유쾌한 사람이 되었다.

4. 잠자리에 들기 전에 내일 할 일을 미리 짜두어라. 가정주부들은 끝없는 집안일에 쫓기는 느낌에 시달린다. 집안일은 절대로 끝나는 법이 없기 때문에 늘 시간에 쫓기고 있는 것이다. 다음 날 할 일을 미리 짜두면 이런 분주함과 쫓기는 기분에서 벗어날 수 있다. 실제로 더 많은 일을 하면서도 피로는 줄고 휴식 시간은 늘어나며 성취감은 더욱 커지는 것이다.

5. 긴장과 피로를 피하라. 긴장을 풀고 몸을 편하게 하라. 긴장과 피로만큼 당신을 빨리 늙게 하는 것은 없다. 내 조수는 보스턴 치료 교실에서 폴 존슨 교수가 긴장을 푸는 규칙들에 대한 강의를 할 때 참가한 적이 있었는데 다른 참가자들과 함께 긴장을 풀어주는 운동을 10분 정도 하고 나서 의자에 앉은 채 거의 잠이 들었다고 한다!

가정주부라서 좋은 점은 원할 때 언제든지 누울 수 있다는 것이다. 그것도 거실 바닥에 누울 수 있다는 것이다. 딱딱한 마루는 푹신한 침대보다 긴장을 풀기에 더 좋다. 저항이 강하기 때문에 오히려 척추에 더 좋은 것이다. 그럼 집에서 할 수 있는 운동법을 몇 가지 배워보자. 일주일 동안 계속해 보고, 당신의 표정과 기분이 어떻게 달라졌는지 살펴보기 바란다.

1. 피로하다고 느낄 때마다 마룻바닥에 누워 최대한 길게 몸을 늘려라. 그렇게 몸을 길게 늘린 상태로 뒹굴어도 좋다. 하루에 두 번씩 이 운동을 하라.

2. 눈을 감고 존슨 박사가 조언한 대로 이렇게 말해라.
   "태양이 머리 위에서 빛나고 있다. 파란 하늘이 맑게 반짝인다. 자연은 고요하게 세계를 지배한다. 자연의 아이인 나는 우주와 조화를 이루고 있다."
   이 말 대신 좋아하는 기도문을 외워보는 것도 좋다.

3. 만약 누울 수 없다면 의자에 앉아서도 거의 같은 효과를 얻을 수 있다. 몸을 편하게 하는 데는 딱딱하고 등받이가 높은 의자가 좋다. 고대 이집트의 석상처럼 똑바로 의자에 앉아, 손바닥을 아래로 향하게 하여 넓적다리 위에 편안히 올려놓는다.

4. 그리고 천천히 발가락에 힘을 주었다가 다시 힘을 뺀다. 다리의 근육을 긴장시켰다가 다시 힘을 뺀다. 이런 식으로 점

점 몸의 위쪽으로 올라가며 목 근육에 이를 때까지 계속한다. 그 다음에는 머리를 마치 축구공이라고 생각하고 크게 돌린다. 그러는 동안 내내 당신의 근육들을 향해 이렇게 말한다.

"쉬어라…… 긴장을 풀어라……"

5. 천천히 깊이 숨을 쉬어 신경을 가라앉혀라. 인도의 고행자처럼 깊은 곳에서부터 심호흡하라.

6. 얼굴에 생긴 주름살과 가시 돋친 듯한 표정에서 생기는 주름살을 생각해 보고 그것을 매끈하게 편다고 상상하라. 이마에 그려진 깊은 주름이나 입술 양 옆에 잡힌 주름살을 풀어주자. 하루에 두 번씩만 그렇게 하면 미용실에 가서 마사지를 받지 않아도 될 것이다. 아마도 주름살은 흔적도 없이 사라져버릴 테니까.

4. 피로를 극복하는 직장인의 4가지 습관

 좋은 업무 습관 1

책상을 늘 깔끔하게 정리하라

시카고 앤 노스웨스턴 철도 회사 사장 롤란드 L. 윌리엄스는 이렇게 말하고 있다.

"여러 가지 잡다한 서류를 책상 위에 산더미처럼 쌓아 놓은 사람들이 있는데 지금 당장 필요하지 않는 것을 모조리 치워 버리면, 좀 더 쉽고 정확하게 일을 할 수 있다는 것을 알게 될 것이다. 이것이 능률을 올리는 첫걸음이다."

워싱턴의 국회 도서관 천장화를 살펴보면 시인 알렉산더 포프가 남긴 문장을 발견할 수 있다.

질서는 하늘의 제1규칙이다!

질서는 일에서도 제1의 규칙이어야 한다. 하지만 대개의 사무실 책상 위에는 몇 주째 한 번도 들여다보지 않은 서류들이 잔뜩 쌓여 있다. 심지어 뉴올리언스의 어느 신문사 발행인은 비서가 자기 책상을 정리하고 나서야 2년 전에 잃어버렸던 타자기를 찾았다고 말한 적도 있다.

답장을 보내지 않은 편지, 보고, 메모들로 어질러져 있는 책상은 보기만 해도 혼란, 긴장, 걱정을 일으킨다. 그보다 더 나쁜 것은 산더미처럼 쌓인 일거리와 그 일을 처리할 시간이 부족한 상태다. 그런 상황에서는 걱정 때문에 긴장과 피로가 쌓이게 되고 고혈압, 심장병, 위염 등으로 발전할 수도 있는 것이다.

펜실베니아 대학의 존 H. 스토크 박사는 〈만성질환으로서의 기능적 노이로제〉라는 제목의 연구보고서에서, 환자의 정신 상태에서 탐구해야 할 첫 번째 항목으로 '해야만 한다는 관념 또는 의무감, 해야 할 일이 쌓여 있다는 긴장감'을 꼽았다.

하지만 책상을 정리하고 결단을 내리는 것처럼 기본적인 방법으로 고혈압, 의무감, 꼭 해야만 하는 일이 계속되는 업무에서의 긴장 따위를 예방할 수 있을까? 유명한 정신과 의사인 윌리엄 새들러 박사는 이 간단한 방법으로 신경쇠약을 예방할 수 있었던 환자의 이야기를 들려주었다.

그 사나이는 시카고에 있는 어느 큰 회사 중역이었는데 처음 나에게 왔을 때, 긴장, 초조, 번민으로 그야말로 거꾸로 떨어지기 직전이었다. 이대로 가다가는 정말 심각한 상황이 되리라는 것을 그 자신도 알고 있었지만 일을 떠날 수는 없었다. 그래서 의사에게 도움을 구했던 것이다.

상담을 하고 있는 도중에 전화벨이 울렸다. 병원에서 온 전화였는데 나는 그 일을 상담 뒤로 미루지 않고 바로 그 자리에서 처리했다. 그것이 일을 처리하는 나의 방침이었던 것이다. 조금 지나자 또 전화가 걸려 왔다. 긴급을 요하는 문제였기 때문에 그에게 양해를 구하고 잠시 이야기를 나누었다. 전화를 끝내고 나는 오래 기다리게 해서 미안하다고 사과했다. 그런데 그의 표정이 활짝 밝아져 있었다.

"괜찮습니다. 선생님! 지금 기다리는 이 10분 동안 내 문제가 무엇인지 안 것 같습니다. 이제 사무실로 돌아가서 업무 습관을 바꾸려고 합니다. 그전에 실례지만 선생님 책상을 좀 볼 수 있을까요?"

나는 책상 서랍을 모두 열어 보여주었다. 문구류와 간단한 소모품 말고는 아무것도 없었다.

"아직 처리하지 못한 서류는 어디에 넣어 두십니까?"

"모두 끝냈죠."

"아직 답장을 보내지 못한 편지 같은 것은요?"

"그런 것은 한 통도 없습니다. 답장을 보내기 전에는 절대로 책상에서 편지를 내려놓지 않으니까요. 편지를 읽고 나면 곧바로 답장을 쓴답니다."

6주 후에 그는 자기 사무실로 나를 초대했다. 그의 얼굴은 편안하게 변해 있었다. 그는 책상 서랍을 열어 처리되지 않은 일은 아무것도 없다는 것을 보여 주었다.

"6주 전까지만 해도 나는 2개의 사무실에서 3개의 책상을 쓰고 있었습니다. 책상마다 처리해야 할 일거리가 잔뜩 쌓여 있었고요. 아무리 열심히 일해도 일거리는 줄어들지 않았고 영원히 끝나지 않을 것 같았죠. 선생님과 이야기를 나누고 돌아와서 책상을 정리하기 시작했습니다. 묵은 서류들을 모조리 없애버린 겁니다. 지금은 책상 하나만 쓰고 있습니다. 일거리가 생기면 바로바로 처리하는 습관을 들였더니 처리하지 못한 일거리 때문에 초조하거나 긴장하거나 걱정하는 일이 모두 사라졌습니다. 가장 놀라운 것은 내가 완전히 회복된 겁니다. 늘 쓰러질 것처럼 피곤했었는데 이제는 심지어 아주 건강하게 느껴질 정도입니다!"

미국 대법원장이었던 찰스 에번즈 휴즈 판사는 말했다.

"너무 열심히 일해서 죽는 사람은 없다. 쓸데없이 힘을 낭비하거나 지나치게 걱정하다가 죽는 것이다."

그렇다! 필요 없는 일에 힘을 다 써버리고는 맡은 일을 다 해낼 수 없을지도 모른다고 걱정하다가 죽는 것이다.

좋은 업무 습관 2

중요한 순서대로 일을 처리하라

시티즈 서비스 컴퍼니의 창립자인 헨리 L. 도허티는 직원들에게서 좀처럼 찾아보기 힘든 2가지 능력을 꼽았는데, 하나는 생각하는 능력, 또 하나는 중요도에 따라 일을 차례로 처리하는 능력이다.

평사원으로 입사해서 12년 뒤에 펩소던트 사의 사장이 된 찰스럭맨은 자신의 성공에 대해 헨리 도허티가 말한 2가지 재능을 계발한 덕분이라고 단언하고 있다.

"나는 새벽 5시에 일어난다. 왜냐하면 그때가 생각하기에 가장 좋은 시간이기 때문이다. 머리가 가장 맑을 때 하루의 계획을 세우고 중요도에 따라 일의 순서를 정한다."

내 경험에 비춰 보면 아무리 계획을 세워도 반드시 중요도에 따라 일을 처리할 수 없는 경우가 꽤 많다. 하지만 중요도에 따라 순서를 정해 놓고 일하는 편이 그때그때 형편에 따라 일하는 것보다는 훨씬 효과적인 것은 분명하다.

좋은 업무 습관 3

결정을 미루지 마라.

내 강좌의 수강생이었던 H. P. 하웰은 US스틸의 이사로 재직하던 때의 경험을 들려주었다.

이사회에서는 늘 수많은 안건들을 몇 시간씩이나 논의했지만 결론이 나는 일은 거의 없었고 대부분 다음으로 미루어지곤 했다. 덕분에 각 이사들은 매번 다시 검토해야 할 보고서 뭉치를 집으로 가지고 돌아가야만 했다.

마침내 나는 한 번에 한 가지 의제만 다루자고 이사회를 설득했다. 대신 의제를 다음으로 연기하거나 결정을 미루는 것은 허용하지 않기로 했다. 그 결과는 참으로 훌륭한 것이었다. 회의 안건은 모두 처리되었고 일정표는 깨끗해졌으며 보고서를 집으로 가지고 돌아갈 필요도 없어졌다.

우리도 이 규칙을 적용하면 무척 유익할 것이다.

좋은 업무 습관 4

업무를 조직하고 위임하고 관리하는 법을 배워라

대부분의 직장인들은 자기가 맡은 일을 다른 사람들과 나누는 방법을 몰라서 어떻게든 혼자서 처리하려고 애쓰다가 결국 업무의 세부적인 사항들에 파묻혀 허둥댄다.

책임을 나누는 법을 배우는 것이 어렵다는 것은 나도 잘 알고 있다. 나도 정말 어렵게 배웠으니까. 상대가 적합하지 않은 사람인 경우에 일어나는 재앙에 대해서도 경험해 봐서 잘 안다. 그렇다고 해도 직장인, 특히 임원진들은 책임을 나누고 권한을 위임하는 법을 배워야 한다.

업무를 조직하고 위임하고 관리하는 법을 배우지 못하면 절대로 크게 성장할 수 없다.

5. 지루함을 극복하는 방법

 피로의 주요 원인 중 하나는 지루함이다.

어느 날 밤, 엘리스는 완전히 지쳐서 집에 돌아왔다. 머리가 지끈지끈 아팠고 허리도 뻐근했다. 너무 지쳐서 저녁이고 뭐고 그냥 자고 싶었지만 어머니가 밥을 먹고 자라면서 붙잡는 바람에 마지못해 식탁에 앉았다.

그때 전화벨이 울렸다. 남자 친구가 춤추러 가자고 전화한 것이었다! 순간 엘리스의 눈이 반짝 빛났다. 그녀는 순식간에 팔팔해져서 2층으로 뛰어올라가더니 연한 회청색 드레스를 골라 입고 외출했다. 집에 돌아온 것은 새벽 3시쯤이었다. 얼마나 피곤했겠냐고? 전혀! 지치기는커녕 집에 돌아온 뒤에도 여전히 마음이 한껏 들떠 있어서 잠을 이루지 못할 정도였다.

그렇다면 바로 8시간 전에 엘리스는 정말로 지쳐 있었던 걸까? 물론이다. 그녀는 분명히 지쳐 있었다. 매일 하는 일이 지루하고 따분해서 그녀는 우울했고 에너지는 고갈되어 버렸다. 엘리스 같은 사람은 얼마든지 있다. 당신도 그 중 하나인지도 모른다.

사람들의 감정적 태도가 육체적 활동보다 한층 더 피로와 관계가 있다는 것은 누구나 다 아는 사실이다.

조셉 E. 버마크는 〈심리기록〉이라는 연구보고서에서 권태가 피로의 원인이 되는 것을 입증했다.

그는 학생들에게 그들이 절대로 흥미를 가질 수 없는 테스트를 했다. 결과는 어땠을까? 학생들은 피로했고 졸음이 왔으며, 두통과 눈의 피로 등을 호소했다. 심지어 위에 통증을 느끼는 사람도 있었다. 이것은 그냥 상상이었을까? 아니다. 학생들에 대해 신진대사 테스트를 해 본 결과, 사람이 권태를 느끼면 인체의 혈압과 산소의 소비량이 현실적으로 감소되고, 사람이 자신의 일에 흥미와 기쁨을 느끼기 시작하면 순식간에 신진 대사의 속도가 늘어난다는 것을 알았다.

사람들은 뭔가 재미있고 신나는 일을 하고 있을 때는 절대로 지치지 않는다. 예를 들어 얼마 전에 나는 캐나다 로키산맥에 있는 루이스 호수 근처에서 휴가를 보냈다. 나는 코랄 크리크 강가에서 송어 낚시를 했는데, 내 키보다도 높은 잡목이 우거진 숲을 헤치며 나무뿌리에 걸려 넘어지기도 하고 쓰러진 나무 밑을 빠져나가기도 하면서 8시간이나 계속한 뒤에도 지치지 않았다.

어떻게 그랬을까? 그 일이 정말 신나고 재미있었기 때문이다. 게다가 나는 큼직한 얼룩무늬 송어를 6마리나 낚아 짜릿한 성취감까지 맛보았다. 하지만 만약 내가 낚시질을 좋아하지도 않는데 누군가에게 끌려가서 마지못해 고생고생하면서 8시간을 보내야 했다면 어땠을까? 나는 해발 2,100미터나 되는 고지에서 그렇게 힘든 일을 하다가 나중에는 완전히 뻗어버렸을 것이다.

심지어 등산과 같은 격렬한 활동에서도 등산에 필요한 고된 활동보다 지루함이 훨씬 더 사람들을 지치게 한다. 미니애폴리스의 농공저축은행의 은행장 S. H. 킹맨은 이런 사실을 실증하는 이야기를 해 주었다.

1943년 7월, 캐나다 정부는 캐나다 산악회에 특별 유격대원의 등산 훈련을 도와줄 가이드를 몇 명 보내 달라고 요청했다. 킹맨도 군인들을 안내할 가이드의 한 사람으로 뽑혔는데 가이드들의 나이는 42세에서 59세 사이였다.

그들은 젊은 군인들을 이끌고 빙하를 건너고 눈 덮인 벌판을 가로질러 12미터의 가파른 절벽을 밧줄에 의지한 채 작은 구멍에 발을 끼우면서 기어 올라갔다. 그들은 캐나다 로키산맥에서 두 번째로 높은 마이클스 봉과 리틀 요호 계곡에 있는 여러 봉우리들을 올라갔다. 무려 15시간에 걸친 등반이었다. 튼튼하고 젊은 군인들은 (힘들기로 소문난 6주짜리 코만도 특공 훈련도 다 마친 군인들이었다) 완전히 지쳐서 상당수가 밥도 먹지 못하고 잠들어버렸다.

그렇다면 군인들보다도 두세 배나 나이가 많은 가이드들은 어땠을까? 지치기는 했지만 그들에게는 기분 좋은 피로였다. 가이드들은 저녁을 먹고 나서도 한참이나 둘러 앉아서 그날의 등반에 대해 이야기를 나누었다. 그들에게는 그날의 등반 과정이 무척 흥미진진했던 것이다.

만약 당신이 정신노동자라면 일의 양 때문에 지치는 경우는 거의 없다는 것을 알 것이다. 정신노동자는 오히려 제대로 하지 못한 일 때문에 지치고 피로해진다. 지난주에 일이 제대로 풀리지 않았던 날을 떠올려 보라. 대답도 없고 약속은 깨지고 여기저기에 문제가 발생했던 그날! 하루 종일 얼마나 머리가 아프고 지쳤던가! 하지만 모든 일이 순조롭게 잘 돌아갈 때는 보통 때보다 훨씬 더 많은 일을 했는데도 오히려 새하얀 치자나무 꽃처럼 하루 종일 상쾌한 기분이었다.

여기서 우리가 배워야 할 교훈은 우리는 일 자체 때문이 아니라 걱정, 좌절, 분노 때문에 지치고 피로해진다는 것이다.

이 장을 집필하는 도중에 나는 제롬 컨의 즐거운 뮤지컬 코미디 〈쇼보트〉의 재공연을 보러 갔다. 코튼 블라섬 호의 앤디 선장은 철학적 의미를 담은 짧은 노래를 불렀다.

"즐기면서 일할 수 있는 사람은 행복한 사람이야."

정말 그렇다. 그런 사람들은 운이 좋다. 좋아하는 일을 즐기는 동안 더 많은 행복감과 성취감을 느끼면서 걱정이나 피로는 거의 느끼지 않기 때문이다. 재미있는 일을 하면 활력도 커진다. 매력적인 애인과 16킬로미터를 걷는 것보다 잔소리 심한 아내와 16미터를 걷는 것이 얼마나 더 피곤한지는 누구나 다 아는 사실이다.

하지만 세상에는 정말 지루한 일을 하며 사는 사람들이 많다. 그럼 어떻게 해야 할까? 오클라호마의 어느 석유 회사에서 일하는 속기사의 이야기를 들려주겠다.

그녀는 월말마다 1주일 동안은 정말 단조롭고 지루하기 짝이 없는 일을 해야 했다. 정유 임대 양식지에 숫자며 통계 자료를 써넣는 작업이었다. 그 일이 너무나도 지겨워서 그녀는 자기 방어 차원에서 지루한 업무를 재미있는 일로 바꿔보기로 결심했다. 어떻게? 그녀는 날마다 자기 자신과 시합을 벌였다.

오전 일이 끝나면 자신이 채운 양식지가 모두 몇 장인지 센 다음, 오후에는 오전보다 더 많은 양식지를 채우기 위해 열심히 일했다. 그리고 그날 채운 양식지가 오전, 오후 합해서 모두 몇 장인지 센 다음, 그 다음 날에는 그 기록을 깨려고 기를 쓰고 일하는 식이었다. 그 결과 그녀는 다른 어느 속기사보다 많은 계약서를 작성했다. 그래서 그녀는 무엇을 얻었을까? 칭찬? 감사? 승급? 월급 인상? 아니다. 그녀는 그저 지루함에서 오는 피로를 막을 수 있었을 뿐이었다. 그것은 그녀에게 정신적 자극이 되었고 더 많은 에너지와 열정을 누릴 수 있었다.

나는 이 이야기가 사실이라는 것을 알고 있다. 왜냐하면 나는 그 처녀와 결혼했기 때문이다. 이번에는 언제나 일에 대해 투지를 불태우는 일리노이주의 발리 G 골든 양 이야기를 해주겠다.

우리 사무실에는 속기사가 4명 있습니다. 할당된 일이 한꺼번에 쏟아질 때는 다들 바빠서 쩔쩔매죠. 어느 날 부장님이 굉장히 긴 편지를 다시 치라고 하기에 거절했습니다. 다시 칠 필요 없이 그냥 수정하면 된다고 말이죠. 그러자 그럼 다른 사람에게 시키겠다는 것이었습니다. 화가 머리끝까지 치밀었지만 내가 하겠다고 편지를 받았어요. 편지를 다시 치기 시작했을 때, 문득 나를 대신해 이 일을 하려고 노리고 있는 사람들이 많다는 것을 깨달았습니다. 게다가 나는 이런 일을 하려고 월급을 받고 있는 것이고요. 그렇게 생각하자 정신이 번쩍 들었습니다. 그래서 정말 싫은 일이지만 즐겁게 일해주리라 결심했습니다.

그러자 정말 놀라운 일이 벌어졌어요. 즐거운 것처럼 일하려고 마음먹자 정말로 즐거워졌거든요. 일이 즐거워지자 능률도 올라가서 야근 할 필요도 없어졌고, 일 잘 한다는 평판까지 얻었죠. 게다가 어떤 부장님이 전속 비서가 필요해졌을 때 나를 지목했어요. 늘 즐거운 얼굴로 일한다는 것이 그 이유였어요. 마음가짐을 바꾸는 것에서 생기는 힘은 나에게 정말 중요한 발견이었습니다.

골든양은 자기도 모르게 한스 바이힌겔 교수의 '것처럼' 철학을 사용한 셈이다. 마치 행복한 '것처럼' 행동하고 말하면 정말로 행복해지고, 자신의 일에 흥미가 있는 '것처럼' 행동하면, 지루하고 대수롭지 않던 일이 정말로 흥미진진한 일이 되면서 당신의 피로, 스트레스, 걱정을 줄여주는 기적이 일어난다는 것이다.

샘은 공장에서 볼트 만드는 일을 하고 있었다. 그 일에 진저리가 나서 당장 그만 두고 싶었지만 마지못해 계속하고 있었다. 어느날 그는 어차피 일을 그만 둘 수 없다면 어떻게든 재미있는 것으로 바꿔야겠다는 생각이 들었다. 그는 옆에서 일하는 다른 직공들에게 시합을 제안했다. 그들은 매일 아침 동시에 기계 스위치를 올리고 누가 가장 빨리, 많이, 정확한 볼트를 만들어 내는지 시합했다. 현장 주임은 샘의 일처리 솜씨에 감탄해서 곧 그를 더 좋은 자리로 옮겨주었다. 30년 뒤 샘은 볼드윈 기관차 제조공장의 사장이 되었다. 만약 그가 지루한 일을 재미있게 하려고 결심하지 않았다면 한평생 직공으로 지내야만 했을 것이다.

매일 아침 자기 자신을 격려하라.
이것이야말로 심리학의 핵심 요소다.
우리의 삶은 우리가 생각하는 대로 된다.

이 말은 18세기 전에 마르쿠스 아우렐리우스가 《명상록》에 썼던 때와 마찬가지로 오늘날에도 진리다.
자기가 하는 일에 흥미를 가지면 어떤 일이라도 재미있게 할 수 있다. 사람들은 대개 깨어 있는 시간의 절반 이상을 직장에서 보내기 때문에 일에서 즐거움을 느끼면 행복은 두 배가 될 것이고, 직장에서 행복하지 못하면 다른 어디에서도 행복할 수 없다.

6. 불면증을 극복하는 방법

불면증 때문에 고민하는 사람이 의외로 많다. 당신 역시 밤에 잠을 잘 못 자서 걱정인가? 그렇다면 국제 변호사인 새뮤얼 운터마이어의 이야기를 해주겠다. 그는 평생 단 한 번도 푹 자 본 적이 없는 사람이다.

새뮤얼은 대학에 다닐 때 천식과 불면증에 시달렸다. 그는 어차피 잠을 잘 수 없다면 이리 뒤척 저리 뒤척하면서 괴로워하지 말고 공부나 하자고 마음먹었다. 그 결과 어떻게 되었을까? 그는 모든 과목에서 우수한 성적을 거두어 뉴욕 시립대학의 천재 중 하나가 되었다. 변호사 개업을 한 뒤에도 불면증은 계속되었지만 걱정하지 않았다. 그는 자연이 자기를 지켜 준다고 믿었고 정말로 그랬다. 수면 시간은 아주 적었지만 그는 건강했고 뉴욕 법조계의 어느 청년 변호사보다도 훌륭하게 활동했다. 아니 다른 사람이 자는 동안에도 일을 했기 때문에 훨씬 더 많은 일을 했다.

겨우 21살에 7만 5천 달러의 연봉을 받는 새뮤얼의 비법을 알아내기 위해 청년 변호사들이 법정으로 몰려들었다. 1931년, 그는 어떤 사건을 맡게 되었는데, 그때까지 아마 단일 사건으로는 최고의 수임료인 100만 달러를 받았다.

그의 불면증은 여전히 계속되었다. 그는 밤 늦도록 서류를 읽었고 새벽 5시에는 벌써 문서를 작성하기 시작했다. 대개의 사람들이 일을 시작하려고 할 때쯤에 그는 이미 그날 해야 할 일의 절반이나 마쳐놓고 있는 것이었다. 그러고도 그는 81세까지 건강하게 살았다. 한평생 깊이 자 본 적이라곤 한 번도 없는데도 말이다. 하지만 만약 그가 다른 사람들처럼 불면증을 걱정하면서 괴로워했다면 그는 평생 병약하고 기운 없이 살았을지도 모른다.

사람은 인생의 3분의 1을 잠으로 소비하면서도 수면의 실체에 대해서는 정확히 알지 못한다. 물론 그것이 일종의 습관이고 자연의 섭리 속에서 몸을 회복하는 휴식하는 상태라는 것 정도는 알고 있지만, 개인별로 얼마나 많은 수면 시간이 필요한지는 알지 못한다. 필요한 수면 시간이 개인마다 다르다는 것도, 심지어 잠을 꼭 자야 하는 것인지조차 우리는 확신하지 못한다.

제1차 세계대전 중 헝가리 군인 폴 컨은 뇌의 전두엽에 총알이 관통하는 부상을 당했다. 그는 치료를 받고 부상에서 회복했지만 이상하게도 잠을 잘 수가 없었다. 의사들이 온갖 종류의 진정제며 마취제, 심지어 최면술까지 시도해 보았지만 폴 컨은 잠들지 않았고 졸린 느낌조차 없었다.

의사들은 그가 오래 살 수 없을 거라고 말했다. 하지만 예상은 모두 빗나갔다. 그는 취직도 했고 오래도록 건강하게 살았다. 그는 누워서 눈을 감고 휴식했지만 잠은 자지 않았다. 그의 사례는 수면에 대한 상식을 뒤엎는 의학계의 미스터리였다.

어떤 사람들은 다른 사람들보다 더 많이 자야 한다. 토스카니니는 하루에 5시간만 자면 충분했지만, 캘빈 쿨리지 대통령은 하루에 11시간 이상이나 잤다. 다시 말해서 토스카니니는 인생의 5분의 1을 잠으로 보냈지만, 쿨리지는 인생의 절반을 잠으로 소비한 셈이다.

불면증 때문에 시달리는 사람들을 관찰해 보면 불면증 자체보다 불면증에 대한 걱정으로 더 고통을 받는다는 것을 알 수 있다. 불면증에 대해 걱정하는 것은 불면증 자체 이상으로 건강에 해롭다. 뉴저지 주 리지필드 파크의 아이라 샌드너라는 내 수강생은 만성 불면증 때문에 거의 자살 직전에까지 내몰렸었다고 한다.

정말 미칠 지경이었어요. 전에는 아침에 알람이 울려도 눈이 떠지지 않아서 툭하면 회사에 지각을 할 정도로 잠이 많았거든요. 어느 날 지각하지 말라고 사장님이 경고하더라고요. 계속 늦잠을 자다가는 해고될 수도 있다는 생각이 들었죠. 친구들에게 의논했더니 잠들기 전에 알람시계에 주의력을 집중해 보라고 하더군요. 알람시계 소리에 귀를 기울이면서 내일 아침에 알람이 울리면 바로 일어나야 한다고 스스로에게 암시를 하라는 거였죠.

그것이 불면증의 시초였습니다. 그 빌어먹을 알람시계의 째깍거리는 소리에 홀린 것처럼 밤새도록 그 소리가 신경에 걸려서 한숨도 못 잔 거예요. 날이 밝았을 때는 너무 피곤해서 거의 병자처럼 느껴졌어요. 그리고 그런 상태가 8주나 계속되었습니다. 아, 그때의 괴로움은 도저히 말로 표현할 수가 없을 정도예요.

나는 정말 미쳐 버릴 것 같았어요. 밤새도록 방 안을 서성거리다가 차라리 창문으로 뛰어내려 모든 것을 끝내 버릴까 하고 생각한 적도 여러 번이었습니다.

생각다 못해 옛날부터 잘 아는 의사를 찾아갔더니 의사는 나를 진찰하고 나서 이렇게 말하더군요.

"아이라, 밤에 잠이 안 오더라도 걱정하지 말고 이렇게 생각해요. 괜찮아. 아침이 될 때까지 잠들지 못해도 그냥 눈을 감고 누워만 있어도 충분히 휴식을 취할 수 있어."

나는 그의 말대로 두 눈을 감고 스스로에게 말했어요.

"괜찮아. 잠이 들건 안 들건 상관없어. 이렇게 눈을 감고 누워만 있어도 난 충분히 휴식할 수 있어."

그렇게 2주가 지나자 나는 다시 잠을 잘 수 있게 되었고, 날카롭게 곤두서 있던 신경도 보통 상태로 돌아왔습니다.

아이라를 정말 고통스럽게 만든 건 불면증 자체가 아니라 잠을 못 자면 다음 날 어떻게 일하지? 하는 따위의 불면증에 대한 걱정이었던 것이다.

시카고 대학의 나다니엘 클라이트만 박사는 수면에 관한 세계적인 전문가이다. 그는 사람은 불면증 때문에 죽지 않는다고 단언하면서, 정확히 말하면 사람들은 불면증 때문에 걱정을 하고 그로 인해 저항력이 약해지면 세균에 감염될 수도 있는 것이고, 사실 불면증을 걱정하는 사람들을 관찰해 보면 보통 스스로 생각하는 것보다 훨씬 더 많이 잔다고 설명했다.

19세기의 뛰어난 사상가 허버트 스펜서는 하숙집에서 생활하는 노총각이었는데, 언제나 불면증 때문에 잠을 한 숨도 못 잤다는 불평을 지겹도록 늘어놓곤 했다. 그는 소음을 막기 위해 귀를 솜으로 틀어막기도 했고, 불면증이 지독하게 심할 때는 아편을 사용하기도 했다.

어느 날 밤, 스펜서는 옥스퍼드 대학의 세이스 교수와 같은 호텔 방을 쓰게 되었다. 이튿날 아침 스펜서는 밤새도록 한 숨도 못 잤다고 불평을 늘어놓았다. 하지만 진짜로 한 숨도 못 잔 사람은 세이스 교수였다. 스펜서가 밤새 요란하게 코 고는 소리 때문에 말이다.

잠을 깊이 푹 자기 위한 첫 번째 요건은 안정감이다. 그레이트 웨스트 라이딩 요양원의 토마스 히슬롭 박사는 영국 의학 협회의 강연에서 바로 이 점을 강조했다.

"나의 오랜 경험에 의하면 잠을 잘 자게 해주는 가장 좋은 방법은 기도입니다. 이것은 전적으로 의사 입장에서 말하는 것입니다. 자기 전에 습관적으로 하는 기도는 세상에서 가장 안전하고 자연스러운 정신 안정제입니다."

만약 당신이 무신론자라면 물리적인 방법으로 몸을 편하게 이완시키는 방법을 배워야 한다.

《불안과 긴장에서 해방되기》의 저자 데이비드 해럴드 핑크 박사는 몸을 이완시키는 가장 좋은 방법은 자신의 몸에 말을 거는 것이라고 말한다. 말은 온갖 종류의 최면 상태로 들어가는 열쇠이기 때문이다.

근육이 긴장하고 있는 동안에는 마음도 신경도 편히 쉴 수 없다. 그러므로 잠을 자려면 우선 근육부터 풀어주어야 한다. 핑크 박사는 다음과 같이 권고하고 있다.

다리의 긴장을 풀기 위해 무릎 밑에 베개를 놓고, 팔 밑에도 작은 베개를 놓는다. 그리고 턱, 눈, 팔, 다리에 하나씩 편히 쉬라고 말을 걸다 보면 어느 틈에 잠들게 된다.

불면증을 고치는 가장 좋은 방법은 정원 가꾸기, 수영, 테니스, 골프, 스키 같은 운동을 하거나 그냥 단순히 육체적인 활동으로 몸을 피로하게 만드는 것이다. 시어도어 드라이저도 그렇게 해서 불면증을 고쳤다.

아직 이름 없던 청년 작가 시절에 그는 심각한 불면증으로 고생했다. 온갖 방법을 다 써봤지만 소용이 없었다. 결국 그는 뉴욕 센트럴 철도 회사에 보선공으로 취직했다. 레일이 움직이지 않도록 커다란 못을 박고, 자갈을 삽으로 퍼 올리면서 고된 하루를 보내고 집에 돌아오자 지칠 대로 지친 그는 그대로 곯아떨어졌다.

너무 피곤하면 걸어가면서도 잠이 드는 법이다. 13살 때 나는 아버지를 따라 미주리 주 세인트 조로 돼지를 팔러 간 적이 있었다. 나는 그때까지 인구 4천 명이 넘는 큰 마을에도 가본 적이 없었는데 인구 6만 명이 넘는 세인트 조에 도착하자 흥분해서 정신이 없었다. 우뚝 솟은 6층 건물도 보고 난생 처음 전차도 보았다. 정말 그날 하루는 놀라움 그 자체였다. 내 평생 그렇게 자극적이고 흥분된 날은 없었다. 아버지와 다시 기차를 타고 미주리 주 레이븐우드에 도착했을 때는 새벽 2시였다. 농장까지 가려면 6.5킬로미터를 걸어가야만 했다. 바로 여기가 이 이야기의 요점이다. 나는 완전히 지쳐서 걸으면서 잠이 들었다. 심지어 꿈도 꾸었다.

인간이 완전히 지쳤을 때는 전쟁의 위험, 공포, 포화 속에서도 잠을 잔다. 유명한 신경과 전문의인 포스터 케네디 박사는, 1918년 영국 제5군단이 퇴각할 때 군인들이 완전히 지쳐서 땅바닥에 쓰러진 채 거의 혼수상태로 깊이 잠드는 것을 목격했다고 한다. 그는 손가락으로 그들의 눈까풀을 열어 보았는데 눈동자가 모두 일정하게 위쪽으로 말려 올라가 있다는 사실을 발견했다면서 이렇게 덧붙였다.

"그 다음부터 나는 잠이 오지 않을 때는 눈동자를 위로 올리는 운동을 합니다. 그러면 곧 하품이 나고 졸리기 시작합니다. 통제할 수 없는 자동 반사 작용인 거죠."

잠을 못 자서 죽은 사람은 아직까지 없었고 앞으로도 아마 없을 것이다. 자연의 규칙에 따라 사람은 자신의 의지와 상관없이 잠에 빠져든다. 아마도 잠을 안 자고 버티는 것보다 음식이나 물 없이 버티는 것이 훨씬 쉬울 것이다.

불면증을 극복하는 5가지 방법

1. 잠이 오지 않을 때는 새뮤얼 운터마이어가 한 것처럼 일어나서 잠이 올 때까지 일을 하든지 독서를 하라.
2. 잠을 못 자서 죽은 사람은 아무도 없다는 것을 기억하라. 불면증에 대한 걱정은 불면증 그 자체보다 해롭다.
3. 자기 전에 기도를 하거나 좋은 시를 읽어라.
4. 몸을 편하게 이완시켜라.
5. 운동하라. 깨어 있지 못할 정도로 몸을 몹시 피곤하게 만들어라.

7. 모든 걱정의 70퍼센트는 돈: 돈 관리 방법

내가 모든 사람의 경제적인 문제를 해결해 줄 수는 없다. 하지만 이 주제에 관해 전문가의 말을 인용하여 몇 가지의 실질적인 조언을 들려줄 수는 있다.

레이디즈 홈 저널의 조사에 의하면, 모든 걱정의 70퍼센트는 돈과 관련된 것이라고 한다. 갤럽 여론조사의 창설자인 조지 갤럽은 대부분의 사람들이 수입이 10퍼센트만 늘어나도 경제적 걱정이 사라질 거라고 믿고 있다고 말했다. 정말로 그런 사람도 있겠지만 대부분의 경우 그렇지 않다.

예산 전문가인 엘시 스테이플턴은 뉴욕 워너 메이커 백화점과 짐벨스 백화점에서 수년 동안 재정 자문으로 일하고 있고, 경제적인 문제를 겪고 있는 사람들을 도와주기 위해 개인 컨설턴트로도 일하고 있다. 그녀는 다양한 소득층의 사람들을 도와주었다. 그녀는 이렇게 이야기하고 있다.

경제적인 문제를 겪고 있는 사람들의 대부분은 수입이 증가해도 해결되지 않습니다. 오히려 수입이 증가하는 이상으로 소비가 늘어나고 경제적 문제가 더 커지는 것을 수없이 보았습니다. 사람들이 돈 문세로 고통을 받는 건 대부분 돈이 부족해서라기보다는 가지고 있는 돈을 관리하는 방법을 모르기 때문입니다.

마지막 말에 당신은 코웃음을 치고 있을지도 모르겠다. 하지만 스테이플턴이 모든 사람이 다 그렇다고는 말하지 않았다는 것을 기억해 주기 바란다. 그녀는 대개의 사람이라고 했지 당신을 지적한 것은 아니다. 당신의 동생, 사촌, 친구들을 말한 것이다.

당신은 이렇게 말할지도 모른다.

이 카네기란 사람이 내 가계부를 보고도 이런 배부른 소리를 할 수 있을지 몰라. 도대체 내 월급이 얼마나 되는지, 매달 필요한 생활비가 얼마나 되는지 알기나 하냐고!

글쎄, 나도 경제적 문제는 이미 충분히 경험한 사람이다. 미주리 주의 옥수수 밭과 건초 농장에서 하루에 10시간씩이나 일한 적도 있다. 그런 중노동을 하면서도 1시간에 1달러는커녕 고작 5센트를 받았다. 하루 일이 끝나면 어찌나 고달프던지 그땐 어떻게든 육체노동의 고통에서 벗어나는 것이 소망이었을 정도였다.

나는 목욕탕도 없고 물이 줄줄 새는 집에서 20년 동안 사는 것이 어떤 것인지 안다. 영하 15도의 추운 방에서 잔뜩 몸을 웅크리고 자는 것이 이떤 것인지 안다. 5센트밖에 안 되는 전차 값을 아끼기 위해 구멍 난 신발을 신고 10마일을 걸어 다니는 것이 어떤 것인지 안다. 식당 메뉴판에서 가장 싼 음식을 주문해야 한다는 것이 어떤 것인지 안다. 세탁소에 가지 않고 바지의 주름을 펴기 위해 요 밑에 깔고 자는 것이 어떤 것인지도 나는 잘 안다.

그런 경험을 했기 때문에 나는 이제 경제적인 걱정으로부터 자유로워지려면 어떻게 해야 하는지 깨달았다.

우리는 기업들이 하는 방식을 배워야 한다. 소비 계획을 세우고 계획에 따라 소비를 해야 하는 것이다. 그런데 대개의 사람은 그렇게 하지 않는다. 내 친구이자 이 책을 출판하는 회사의 사장인 레온 심스킨은 많은 사람들이 돈에 대해 신기할 정도로 정말 무지하다고 지적하면서 자기가 알고 있는 어느 경리 사원의 이야기를 해 주었다.

그는 회사의 일에는 숫자의 마법사라고 불릴 정도로 유능한 사람이었지만 자기 개인의 경제 관리에는 영 아니었다. 금요일 오후에 급여를 받으면 마음에 드는 코트를 발견하는 순간 대뜸 그것을 산다. 집세, 전기료 등의 고정 비용은 안중에도 없다. 당장 돈이 있으면 쓰고 보는 것이다.

여기에 경제 관리에 대한 답이 있다. 당신의 돈을 당신만의 사업을 운영하는 것처럼 관리하라는 것이다.

그렇다면 어떻게 예산을 짜고 계획을 세워야 할까?

돈을 관리하는 방법에는 10가지 규칙이 있다.

규칙1 메모하라

50년 전 런던에서 소설가로 생활하기 시작했을 때 아놀드 베넷은 가난에 쪼들리고 있었다. 그는 아무리 작은 금액의 돈이라도 어디에 썼는지 차근차근 적어 놓았다. 돈이 어디로 새나가는지 궁금해서 그랬을까? 아니다. 그는 사실 기록하고 말고 할 돈도 없었다. 하지만 그는 메모하는 것을 좋아했기 때문에 부자가 될 수 있었다고 할 수 있다. 그는 세계적으로 유명해지고 개인 요트를 소유할 정도로 부자가 된 뒤에도 메모를 계속했다.

존 D. 록펠러도 돈의 흐름을 기록했다. 그는 밤에 기도를 끝내고 잠자리에 들기 전에 자기가 갖고 있는 돈이 정확히 얼마인지, 어디에 얼마를 썼는지 자세히 알고 있었다.

우리도 그들처럼 메모하는 습관을 가져야 한다. 평생 동안? 아니다. 그렇게까지는 하지 않아도 된다. 예산 전문가들은 적어도 1개월, 가능하다면 3개월 동안만이라도 동전 한 닢까지 정확하게 기록해 보라고 충고한다. 그렇게 해야 자신에게 딱 맞는 예산을 세울 수 있기 때문이다.

규칙2 자신에게 맞는 예산을 세워라

같은 지역에서 같은 수의 자녀를 둔 두 가족이 똑같이 생긴 집에서 나란히 살고 있고 재산, 수입도 똑같다고 해도 그들에게 필요한 예산은 전혀 다르다. 왜냐하면 사람들은 모두 성격도, 생활 방식도, 취향도 다른데다가, 예산은 매우 개인적이고 습관적인 것이기 때문이다.

예산을 세운다고 해서 생활 속에서 누릴 수 있는 모든 즐거움을 배제해야 하는 것은 아니다. 예산은 물질적인 안정감을 주기 위해서 짜는 것이다. 예산을 세우는 것만으로도 대부분의 사람들은 감정적인 안정감을 얻는다.

스테이플턴은 이에 대해 이렇게 말한다.

"자신에게 잘 맞는 예산을 세워서 생활하면 삶이 더 행복해지고 윤택해집니다."

하지만 어떻게 시작하면 좋을까?

규칙1에서 말한 것처럼 일단은 자신의 소비패턴에 대해 철저하게 알아야 한다. 1개월, 가능하면 3개월 동안 동전 한 닢까지 정확하게 기록하라. 그것을 가지고 전문가와 상담하라. 경제적인 문제에 대해 기꺼이 무료로 상담해주고, 당신의 수입과 소비패턴에 딱 맞는 예산을 작성할 수 있도록 도와줄 복지 단체들은 얼마든지 있다.

규칙3 현명하게 소비하는 법을 배워라

당신이 갖고 있는 돈의 가치를 최고로 만드는 방법을 배워라. 규모가 큰 회사에서는 모두 최상의 물품을 최선의 조건으로 구입하기 위해 전문적인 구매 관리자와 구매 에이전트를 두고 있다. 당신은 당신 자산의 개인 관리인 겸 책임자로서 왜 이런 일을 하지 않는가? 경제 관리와 현명한 소비에 대해 공부하라. 수많은 잡지와 정보들을 최대한 활용하라.

규칙4 수입이 늘어난다고 걱정거리도 같이 늘리지 마라

스테이플턴의 말에 의하면, 가장 예산을 세우기 어려운 대상은 연소득 5천 달러가 되는 가정이라고 한다.

"연 수입 5천 달러는 대개의 미국 가정에서 목표점인가 봐요. 그동안 합리적이고 성실하게 생활하던 사람들이 드디어 연 수입 5천 달러가 되면 목표에 도달했다는 생각에 갑자기 생활비를 늘립니다. 대출금 이자가 아파트 집세보다 싸다면서 교외에 집을 사고, 자동차를 바꾸고, 새 가구, 새 옷가지 따위를 사들이는 거죠. 앗! 하고 깨달았을 때에는 이미 적자입니다. 수입보다 소비가 더 늘었기 때문이죠."

하지만 이것은 매우 자연스러운 일이다. 더 많은 것을 갖고 싶고 더 많이 즐기고 싶은 것은 본능이니까. 하지만 길게 볼 때 수입이 늘어도 예산을 세워야 하지 않을까?

규칙5 개인 신용도를 높여라

만약 당신이 급하게 돈이 필요한 입장이라면 가장 먼저 보험증권과 채권을 확인해보기 바란다. 현금으로 전환 가능한 예금의 성격을 가진 보험도 있으니까.

대출 가능한 보험도 없고 채권도 없지만 집이나 자동차 같은 담보물이 있다면 은행으로 가라. 은행은 엄격하게 규제받고 있고 이자율이 정해져 있으며 매우 공정하게 거래할 수 있다.

하지만 담보물도 없고 재산도 없고 월급 말고는 아무 것도 가진 것이 없다면 어떻게 해야 할까? 당신이 그런 경우라면 가장 먼저 이 경고문을 기억하라!

절대로! 대부업체와 거래하지 마라!
아무리 매혹적인 광고를 보더라도 절대로!

아주 가끔, 정말 드물게 나름 도덕적이고 엄격한 기준을 적용하는 대부업체도 있기는 하다. 하지만 그런 경우에도 어마어마하게 비싼 이자를 내야 하고 위험 부담률도 훨씬 높다. 악덕 사채업자에게 평생 시달리는 사람들 이야기는 수없이 들었을 것이다. 되든 안 되든 먼저 은행에 가서 상담하기 바란다.

규칙6 질병, 화재, 긴급 상황에 대비하라

온갖 종류의 사고, 불행, 일어날 수 있는 수많은 응급상황에 대비할 수 있는 방법으로 비교적 싸고도 도움이 되는 것은 보험이다. 목욕탕에서 미끄러지거나 풍진에 대해서까지 모두 보험을 들라고 권하는 것은 아니다. 다만 돈이 많이 들 것으로 예상되는 주요 재난에 대비하라는 것이다.

규칙7 자녀들에게 경제교육을 해라

유어 라이프라는 잡지에 스텔라 웨스튼 터틀이라는 사람이 어린 딸에게 경제교육을 시킨 일화가 소개된 적이 있다.

나는 은행에서 수표용지를 얻어다가 9살짜리 딸에게 주었다. 매주 용돈을 받을 때마다 딸은 그것을 엄마에게 예금하고 엄마는 아이만의 은행이 되어 그 돈을 맡아주었다. 딸은 돈이 필요할 때마다 수표를 끊어 엄마에게서 돈을 받았고 예금 잔액이 얼마나 남았는지 확인했다. 이런 식의 은행 놀이가 어린 소녀에게는 무척 재미있었을 뿐만 아니라 돈을 관리하는 진짜 책임감마저 가지게 되었다.

정말 훌륭하지 않은가! 만약 당신에게 아들이나 딸이 있다면 그들에게 돈에 대한 책임감과 돈을 관리하는 방법을 반드시 가르쳐야만 한다.

규칙8 만약을 대비해 여유 자금을 마련하라

세상 일은 늘 계획한 대로만 돌아가지는 않는다. 살다 보면 생각지도 못했던 큰 돈이 들어갈 일이 생기기도 한다. 아무리 빠듯하게 살고 있다 하더라도 만약에 대비한 여유자금용 통장을 따로 만들어 아주 조금씩이라도 저축하라.

예산을 세우고 계획에 따라 소비하는데도 늘 적자를 면치 못하는 형편이라면 수입을 늘릴 방법을 적극적으로 찾아보라. 그렇게 주위를 둘러보면 아직 시도해 볼 만한 가능성들이 꽤 많이 있을 것이다.

중요한 것은 돈 문제에 대해 걱정만 하고 있기보다는 뭔가 긍정적인 일을 하는 것이다. 예를 들어 당신이 요리에 자신 있는 주부라면 당신의 주방에서 요리 강습을 시작할 수도 있다. 동네 빵집에서 주문을 받아 수제 파이를 만들어 팔았던 어떤 여성처럼 당신도 당신의 특기를 살려 동네에 있는 상점과 협업할 수도 있다.

다만 한 가지 주의해 두겠는데, 천성적으로 세일즈맨의 재능을 타고난 사람이 아니라면 방문판매는 시도하지 않기 바란다. 대부분의 사람들은 방문판매를 무척 싫어하기 때문에 실패할 확률이 높다.

규칙9 절대로 도박은 하지 마라

경마나 도박으로 돈을 벌겠다고 하는 사람들이 그렇게 많은 것을 보면 정말 놀랍다.

어리석은 사람들이 경마에 배팅하는 금액은 1년에 60억 달러나 된다. 이것은 1910년 미국의 국가 채무액의 무려 6배에 달하는 금액이다.

브릿지와 포커의 권위자이자 일류 수학자이며 전문 통계학자이고 보험회계사인 오스왈드 자코비는 저서 《승산은 얼마나 되는가》에서 당신이 경마, 룰렛, 주사위 도박, 슬롯머신, 포커, 큰트랙스 브리지, 경매 카드 게임, 주식 등을 했을 때 승산이 얼마나 되는지 계산해 놓았다. 그는 아주 과학적이고 수학적인 데이터를 제공하고 있다.

어떻게 하면 도박으로 돈을 벌 수 있는지 알려주는 책이 아니다. 당신이 일반적인 도박에서 이길 확률이 얼마나 되는지 보여줄 뿐이다. 그리고 그 확률을 보면 도박을 하는 사람들이 정말 불쌍하게 생각될 것이다.

규칙10 자신에게 분풀이하지 마라

우리가 당장 경제 상황을 개선할 수는 없다고 하더라도 거기에 임하는 우리의 정신 태도는 개선할 수 있다. 다른 사람들도 우리와 마찬가지로 경제적인 문제를 갖고 있다는 것을 기억하자. 당신은 A를 따라갈 수 없기 때문에 걱정하지만 A 역시 B를 따라잡을 수 없다는 이유로 걱정하고 있을 것이다.

미국 역사상 가장 유명한 사람들도 경제적인 문제를 갖고 있었다. 링컨이나 워싱턴도 대통령 선거운동을 하기 위해 돈을 빌려야만 했다.

원하는 것은 모두 가질 수 없다는 이유로 자신의 일상에 독을 바르지 말자. 자기 자신을 책망하지 말고 용서하자. 철학적인 사람이 되도록 노력하자. 로마의 위대한 철학자 세네카는 이렇게 말했다.

"만약 당신이 이미 가지고 있는 것에 불만을 느낀다면 온 세상을 다 가진다 해도 불행할 것이다."

그러니 잊지 말자. 온 세상을 다 차지하고, 그 둘레에 울타리를 둘러친다고 해도 어차피 식사는 하루 3번으로 충분하고, 잘 때는 침대 하나로 충분하다. 구덩이를 파는 인부라도 그것은 마찬가지다. 어쩌면 그가 오히려 록펠러보다도 하루 3번 먹는 식사를 더 맛있게 먹고, 한층 더 편안하게 잠잘지도 모른다는 것을 절대로 잊어서는 안 된다.

나의 실천사례

이름 :   날짜 :

내용 및 결과 :